吾輩はウニである

もずく
スパゲティ

こんぶ
チップス
アオノリ

ぼくは、ぼくのままのぼくを、好きになりたかった。

ぼくの名前はタコジロー。
学校ではときどき、ゆでダコジローと言われていた。
緊張《きんちょう》すると顔が、まっ赤《か》に染め上がるからだ。
勉強はできないし、運動もダメ。おしゃべりだってうまくない。
おかげで中学に上がってからはずっと、いじめられていた。
そりゃそうだよな、とぼくは思う。
ぼくだってこんなまぬけな同級生がいたら、笑っちゃう気がする。

明けない夜はない、とだれかが言った。
どんなにつらい日々《ひび》にも、いつか終わりがやってくる。
明るい朝が、やってくる。
だからきみも、がんばるんだ。がんばって、いまを耐《た》えるんだ。
そういう意味のことばだ。
たしかに中学は、3年で終わる。いつか卒業《おわり》がやってくる。
けれども3年なんて、ほとんど永遠だ。
終わりのない永遠を、がまんしろ？

わかったふりして、いい加減なことを言わないでくれ。
ぼくはずっと、そう思っていた。

1通の手紙をきっかけにいま、あの夏のことを思い出している。
最悪だったぼくの毎日を救った、10日あまりの出来事を。
公園の片隅《かたすみ》で、偶然《ぐうぜん》出会ったヤドカリのおじさん。
おじさんはぼくに、教えてくれた。
永遠みたいなひとりの夜を、どう過ごせばいいのかを。
ぼくは、心の長い階段を降りていった。
ことばのあかりに照らされた階段を、どこまでも降りていった。

おじさんだったらきっと、こう言うだろう。
明けない夜はない。
ひとりぼっちの夜をくぐり抜《ぬ》け、朝を迎《むか》えに行くんだ。
朝は、きみを待っている。
だから、さあ——

夜には持て

さみしい
ペンを

目次

## 3章 きみの日記にも読者がいる

## 4章 冒険の剣《つるぎ》と、冒険の地図



## 5章 ぼくたちが書く、ほんとうの理由

## 6章 「書くもの」だった日記が「読むもの」になる日

うみのなかMAP
病院
うみのなか中学校
うみのなか
市民公園
シロサンゴの森

イソギンチャクの草原
アカサンゴの森

# そしてぼくは、おじさんと出会った

うみのなか中学校に、タコはぼくひとりしかいない。
イカの子も、カニの子も、
タイやクラゲやタツノオトシゴの子だっているのに、
タコはぼくひとりしかいない。
どうしてぼくだけタコなんだろう。
どうしてタコなんかに生まれてきちゃったんだろう。
ちいさなころからずっと、そう思ってきた。

せめてタコじゃなければ、違《ちが》ったはずだ。
たとえば授業中、先生に当てられる。
立ち上がって、あわてて教科書をめくる。
みんなの目が、ぼくに集中する。

落ちつけ、落ちつけ、落ちつけ。

どんなにつよく言い聞かせても、みるみる顔が赤くなっていく。

「ゆでダコジロー、きましたあ！」

野球部のトビオくんが大声を上げ、クラスのみんながどっと笑う。

「ほらほら、みんな笑わないでちゃんと聞きなさい」

三角定規で机を叩《たた》いて先生が注意する。

こうなるともう、タコのぼくにはなにも言えない。

ここで無理に声を出そうとすると、口の端《はし》から墨《すみ》がにじみ出てしまう。

ぼくはますます顔を赤くして、笑い声がおさまるのを待つ。


そうしてまた、頭のなかをいつものことばが旋回《せんかい》するのだ。

どうしてタコなんかに生まれてきちゃったんだろう。

どうしてぼくだけタコなんだろう。

どうしてみんなみたいになれないんだろう。

タコも自分も、大嫌《だいきら》いだ。

昼休みになると、ほとんどの男子は校庭へと飛び出していく。教室に残るのはだいたい、ウツボリくんとアナゴウくん、そしてぼくの帰宅部3人組だ。ぼくたちは机をふたつ並べて、きのう見たテレビのこととか、シーチューブのこととか、好きなマンガのこととかを話す。

「なあタコジロー、きのうのあれ見た？」

長い首を突《つ》き出して語りかけるウツボリくんは、いつもちょっとだけなれなれしい。トビオくんたちの前ではおとなしいくせに、3人のなかではいっぱしのリーダー気取りだ。

ふたりはぼくの、友だちなんだろうか。こういうのを世のなかでは、友だちっていうんだろうか。ぼくにはよくわからない。

小学生のころには、心から友だちと言える友だちがいた。中学生になると、その席にウツボリくんたちが座った。ほかのだれも、座ってくれなかった。それで仕方なく、ウツボリくんたちと一緒《いっしょ》にいる。ただそれだけのような気が、前からしている。

窓の外を眺《なが》めると、校庭のトビオくんたちがボールを追いかけている。できればぼくも、あっち側に行きたかった。学校のなかで、びくびくする必要のない側。先生たちからも一目置かれている側。だれからも笑われることがなく、いつもだれかを笑っている側。学校に行くのが、たのしいと思える側。

「……なっ、タコジロー。お前もそうだよな？」

ウツボリくんとアナゴウくんが、とがった歯をむき出しにして笑っている。なにかおもしろいことを言ったらしい。愛想笑《あいそわら》いを浮《う》かべてぼくは、「うん」とだけ答えた。

きっかけは体育祭に向けたホームルームだった。

毎年秋に開かれる、うみのなか中学校最大のイベントだ。開会式のクライマックスは、全校生徒代表による選手宣誓《せんせい》。幸運なことに今年の代表はうちのクラスから選ばれることになった。

投票なんかするまでもなく、代表はイカリくんしかいない。ぼくはそう思っていた。だれもが認める、サッカー部の元キャプテン。勉強も運動も得意だし、先生たちからの信任も厚い。体育祭では当然、リレーのアンカーにも選ばれるだろう。背筋をぴんと伸《の》ばしたイカリくんが高らかに選手宣誓する姿が、いまから目に浮かぶ。

「今朝も話したように、うちのクラスから選手宣誓の代表が選ばれることになった。だれにやってもらうか、みんなで話し合おう。推《すい》薦《せん》はあるかな？」

教壇《きょうだん》のうえからカニエ先生が言う。ほどなく手ビレを挙げて立ち上がったのは、トビオくんだった。

「イカリくんがいいと思います！」

教室が納得《なっとく》の拍手《はくしゅ》に包まれ、イカリくんは腕組《うでぐ》みしたまま頷《うなず》いている。まんざらでもないみたいだ。そこからソフトボール部のフグ

イさんと、駅伝部のアジキリくんも推薦された。それぞれ人気者だし、体育祭がよく似合うふたりと言える。

「よし、そろそろ締《し》め切って多数決に入ろうか」

カニエ先生のことばに、イカリくんが長い手を挙げて立ち上がった。

「どうした、イカリ？」

「すみません、ぼくは辞退させてください」

教室が、ちいさくどよめいた。立ち上がるとき、イカリくんが一《いっ》瞬《しゅん》だけこちらを見やった気がした。

「辞退って、お前……どうして？」

恐《おそ》る恐る先生が聞くと、イカリくんはおおきな声で続けた。

「代わりにぼくは、タコジローくんを推薦します！」

心臓が、どきんと止まった。

「体育祭では、ぼくたち運動部だけじゃなく、帰宅部のみんなにもがんばってほしいからです！」

トビオくんたちがこちらを振《ふ》り向いてくすくす笑っている。——やられた。またみんなでぼくを笑いものにしようとしてるんだ。女子たちがみな、不安げにお互《たが》いの顔を見合わせている。一方でウツボリくんとアナゴウくんに、おどろいた様子はなかった。嵐《あらし》が過ぎ去るのを待つように、じっとうつむいていた。

……ふたりとも、こうなることを聞かされていたみたいだ。

「うん……まあ、たしかにイカリの意見はそのとおりだな。体育祭はみんなの行事だし、学校のみんなでつくるものだ」

先生は短くことばを足すと、それ以上の混乱を避《さ》けるように「ほかに候補は？　推薦だけじゃなく、立候補もありだぞ」と教室を見渡《みわた》した。みんなきょろきょろするばかりで、だれひとり手を挙げようとしない。

「いいのか？　おい、なければこのまま締め切って投票に入るぞ」

ぶくぶくと口の横から泡《あわ》を吹《ふ》いて叫《さけ》ぶカニエ先生。その声はどこか、助けを求めているようにも聞こえた。

投票の結果、ぼくはフグイさんと3票差で代表に選ばれた。

椅子《いす》に立ち上がって、腹を抱《かか》えて笑うトビオくん。フグイさんのまわりに集まった女子のひとりが、トビオくんに向かって「サイテー」と吐《は》き捨てた。アジキリくんは自分の机を強く叩くと「トイレ」と言って教室を出た。「マジかよ」「やばくない？」「どうすんのこれ」。ざわめきのなかから、いろんな声が耳に届いてくる。混乱した教室のなか、イカリくんだけが腕組みしたまま静かに目を閉じていた。

このあたりからはすこし、記憶《きおく》があいまいだ。

カニエ先生が進路調査のプリントを配り、来週までに提出するようにと言った。三者面談と中間テスト、それから最近目撃《もくげき》されているという不審者《ふしんしゃ》についても、なにか言っていた気がする。いずれにせよカニエ先生の声は遠くにぼんやり聞こえるだけだった。

ホームルームが終わると、トビオくんたちがぞろぞろ教室を出ていった。その影《かげ》を追うようにウツボリくんとアナゴウくんも教室を出た。

「タコジローのあの顔、見た？」

廊下《ろうか》のずっと向こうから、トビオくんの声が聞こえる。それに合わせてみんながゲラゲラ笑っている。ウツボリくんの、しゃっくりみたいな笑い声も混じっていた。いった

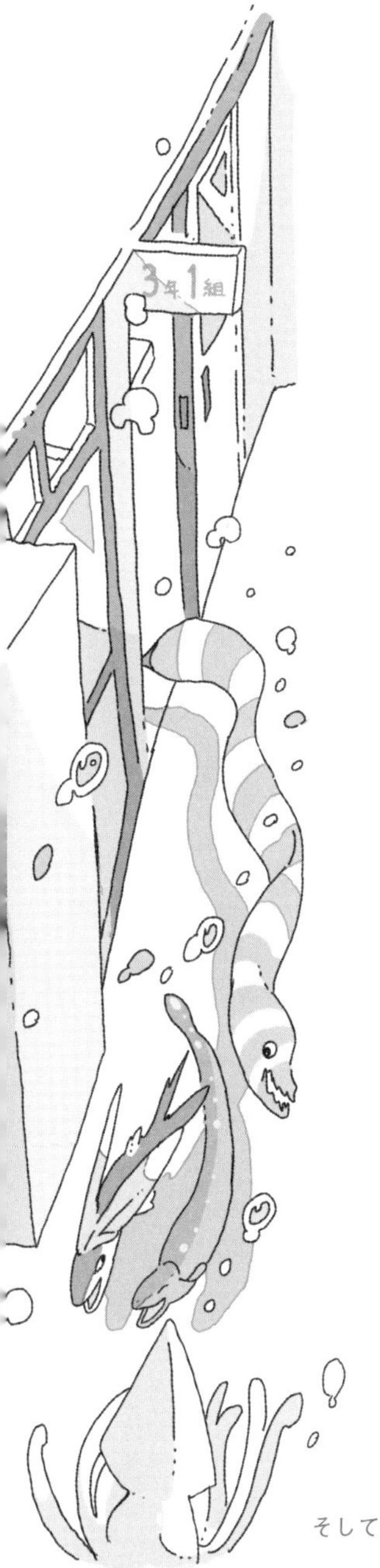

いぼくは、どんな顔をしていたんだろう。やっぱりまっ赤に染まってたのかな。体育祭でも、まっ赤になっちゃうのかな。それでみんなに、ゆでダコだと笑われるのかな。ひとりぼっちになった教室で、進路調査のプリントを握《にぎ》りしめる。泣いちゃダメだと思うほど、涙《なみだ》がこみ上げてくる。

翌朝ぼくは、いつもと同じ時間に目を覚ました。いつもと同じように朝ごはんを食べて、いつもと同じ時間に家を出て、いつもと同じバスに乗った。

バスの様子も、きのうまでとなにも変わらない。たのしそうにおしゃべりする生徒。ひたすらシェルフォンをいじる生徒。単語カードをめくる生徒に、居眠《いねむ》りする生徒。学校に着くまでの短いあいだ、それぞれが思い思いの時間を過ごしている。いつもと変わらない学校が、はじまりかけていた。

「うみのなか中学校前ぇー。うみのなか中学校前ぇー」

スピーカー越《ご》しに聞こえる運転手さんの声でバスが停《と》まり、みんながぞろぞろ降りていく。ぼくも立ち上がろうとかばんに手をかけた瞬間、全身が固まった。校門をくぐるトビオくんの姿が目に入ったのだ。

——無理だ。

学校の前まで来て、ようやくぼくは気がついた。

トビオくんに会うのも、あの教室に入るのも、みんなで授業を受けるのも、またゆでダコを笑われるのも、もう、ぜったいに無理だ。

軽い吐き気のあとで、お腹《なか》がちくちく痛くなってきた。涙がこみ上げてくるけれど、それが吐き気やお腹の痛みによるものなのか、別の理由によるものなのか、頭がぐしゃぐしゃでなにもわからない。

「……だいじょうぶ？」

バスが動き出したとき、隣《となり》に座るキンメダイのおばあさんがこちらを覗《のぞ》き込《こ》んだ。

「あ……はい、あの、だいじょうぶです」

「そう？　苦しかったら、言ってね」
それ以上はなにも言わず、ピンク色のおおきなめがねをかけなおすおばあさん。ひさしぶりにやさしいおとなの声を聞いたような気がした。そして雑誌に目を落としたおばあさんを乗せたまま、バスは終点の市民公園前までたどり着いた。おばあさんより先に降りることは、とてもできなかった。

うみのなか市民公園は、町はずれのへんぴな場所にある公園だ。おばあさんのあとからバスを降り、海藻《かいそう》の茂《しげ》みをくぐり抜けて公園のなかへと進む。広場はすでに、たくさんの親子連れであふれていた。茂みのなかにちょうどいい白い岩を見つけたぼくは、腰《こし》を下ろして子どもたちを眺めた。ブランコをこいだり、ジャングルジム

をぐったり、お母さんとボール遊びをしたりする子どもたち。ぼくにもあんな時代があったんだな、と思う。なんだかうまく信じられないや。もう、ずうっと前から中学生をやってるような気がする。

シェルフォンに着信が入った。

知らない番号だったけれど、たぶん学校からだ。いまごろみんな、授業を受けているんだろうな。1時間目は数学。2時間目は国語。選手宣誓のネタでぼくをからかうことができず、トビオくんたちはがっかりしているのかもしれない。選手宣誓のことなんて、もう忘れちゃったのかもしれない。あるいはぼくが休んでいることにさえ、気づいていないのかもしれない。黒板に向かうみんなの姿を思い浮かべると、胸のあたりがひりひりしてくる。仮病《けびょう》を使って休ませてもらったことは、何度もある。でも、こんなふうにズル休みしたのは、はじめてのことだった。ここにいるのが見つかったら、警察に連れていかれたりするのかな。仕事中のお父さんやお母さんに連絡《れんらく》されるよな。お母さん、泣いたりしちゃうかもな。考えれば考えるほど、頭がぐるぐるしてくる。

ぼくは岩のうえに寝《ね》そべった。

海面を見上げると、陽《ひ》の光がきらきら反射している。広場を走る子どもたちの声が、すこしずつ遠のいていく。ああ、なんて気持ちいいんだろう。なんて静かで、なんてきれいなんだろう。この時間がずっと続いてくれないかな。


と、握りしめたままのシェルフォンがふたたび鳴った。

――さっきの番号だ。

やめて！　ぼくをそっちに連れ戻《もど》さないで！

もう学校には行きたくないよ。

家にも帰りたくないよ。

いっそこのまま、消えてなくなりたいよ――。


「そろそろ、降りてくれないかな」

お尻《しり》の下から突然《とつぜん》、くぐもった声が聞こえた。あわてて飛びのくと、岩の下からおおきな目がふたつ、ぎょろりと光った。

「わあ、すみません！」

なんてことだ。岩だと思ってぼくが寝そべっていたのは、巨大《きょだい》なヤドカリの殻《から》だったのだ。声の主は、おじさんのヤドカリだった。おじさんは折りたたんでいた何本もの手《て》

脚《あし》を殻の外に伸ばすと、気持ちよさそうに背伸びをしながら言った。

「……それで、学校に行きたくないんだって？」

「えっ⁉　いや、なんで？」

おじさんは笑って付け加える。

「いやいや。きみ、悩《なや》みごとをぜんぶ口に出してしゃべっていたよ」

思わず顔がまっ赤になった。そうだったのか。ぼく、そんな癖《くせ》があったのか。なにを、どれくらい聞かれてしまったんだろう。

「いや、その、すみません。あの、明日からはちゃんと学校に行きますから、だから、その、学校には……」

「だいじょうぶ、だれにも言わないよ。それにね、明日だって明後日だって、休みたいだけ休めばいいんだよ」

「……えっ？」

首を傾《かし》げるぼくに、おじさんは続ける。

「あれをごらん。――向こうのベンチに、ひとりでやってきたおとなたちの姿が見えるだろ?」

「うん」

たしかに、広場の先に並んだベンチには、なにをするでもなく座るおとなたちの姿がぽつぽつと見えた。

「この公園はね、子どもたちにとってはたのしい遊び場だけど、おとなたちにとっては静かな避難所《ひなんじょ》なんだ」

「避難所?」

「そう。きみが学校を休んでここに来たように、おとなたちもみんなつらい現実から離《はな》れて、この公園に避難してきたのさ」

「……仕事をサボって?」

「そういうおとなもいるだろうね」

「サボって、あそこでなにしてるの?」

「ひとりをたのしんでいるのさ」

「……ひとりを、たのしむ?」

このおじさんは、なにを言ってるんだろう。学校を休んでひとりで家にいるとき、ぼくはいつも胸がひりひりしていた。仮病を使って休んでいることへの、後ろめたさもあった。置いてけぼりにされるような、みんながどこか遠いところへ行ってしまうような心細さもあった。とてもたのしむなんて気持ちにはなれなかった。もちろん、いまだってそうだ。

「ひとりなんてやだよ。おじさんは、ほんとのひとりぼっちを知らないからそんなこと言えるんだよ！」

「知ってるよ」

「えっ？」

「おじさんはむかしひとりぼっちだった。もしかするといまも、ひとりぼっちなのかもしれない。ひとりでいることのさみしさ。ひとりでいることのありがたさ。どちらもよく知ってるつもりだよ」

「……さみしさと、ありがたさ？」

「さみしさにはね、子どものさみしさと、おとなのさみしさの、ふたつの種類があるんだ。きっときみはいま、おとなのさみしさを知りはじめているんじゃないかな」

ごーっという音とともに、潮の流れが強くなってきた。

おじさんは黙《だま》ったまま上空に目をやる。

さっきまでのきらきらした光が嘘《うそ》みたいに、海面が影に覆《おお》われていく。広場であそんでいた子どもたちは、母親に抱《だ》きかかえられ帰路を急ぎはじめた。

「おおきなしけがきたようだね」

「……うん」

すると、おじさんと殻のおうちの隙間《すきま》から、ちいさなクラゲが顔を覗かせた。

「おお、わかったわかった。そろそろ帰るよ」

おじさんはクラゲにそう語りかけると、もぞもぞと脚を折りたたんで殻のおうちに入る準備をはじめた。

「えっ？　いや、ちょっと待ってよ……」

「きみも早く帰らないと、このしけは荒《あ》れるぞ」

おじさんはそれだけを言い残すと、殻のおうちに入り込んだ。

「ちょっと、ちょっと待ってよ！　ねえ、おじさん！」

なんて失礼なヤドカリだ！　言うだけ言って自分は殻に逃《に》げるなんて！　怒《おこ》ったぼくがガンガン殻を叩いていると、さっきのクラゲが顔を出して、ほんのすこしだけ殻を持ち上げてくれた。

「おじさんは？」

クラゲはなにも言わず、ぼくを手招きする。

「入れってこと？　ここに？」

表情は見えないけれど、クラゲは頷いている様子だ。入れって言っても、こんなちいさなおうちに……。

ぼくはクラゲに誘《さそ》われるまま、おじさんのおうちに右足を滑《すべ》り込ませた。

わあー、と思わず声が出た。
クラゲに案内されたおじさんの家は、向こうの壁《かべ》が見えないくらい広かった。そして上空には、ゆったりとした潮の流れにあわせて、蒼白《あおじろ》い光を放つクラゲたちが悠然《ゆうぜん》と泳いでいる。あのちいさな殻のなかに、どうやってこんな広い部屋をつくったのだろう。

「すごーい。これ、どうなってるの？」

聞いてもクラゲは、なにも答えてくれない。

「おやおや、だれかと思ったらきみか」

殻のなくなったおじさんは、さっきよりもずいぶんちいさく見えた。案内してくれたクラゲは、うれしそうにおじさんのまわりをくるくる泳いでいる。

「まったく不用心で困ったもんだな。こいつはいたずら好きでね。まあ、ずっとこの部屋にこもって暮らしているし、友だちがほしかったのかもしれんな。それで、きみの名前は……」

「タコジロー」

「そうか、いい名前だね。まあ、せっかく来てくれたんだから海が落ちつくまでここで休むといいさ」

「ねえねえ、おじさん。この部屋ってどうなってるの？　あの殻のおうちが、どうしてこんなに広く見えるの？」ヤドカリさんたちのおうちって、みんなこんななの？」

「いやいや、広く見えるんじゃない。

「見た目だけじゃなくて？」

「もちろんさ。そうだな、ここは海よりも広いかもしれないな」

海よりも広い部屋？　ぼくはあらためてあたりを見渡した。たしかに壁も天井《てんじょう》も見えないし、潮もしっかり流れてる。夜の海だと言われたら、ぼくは信じてしまいそうだ。けれど、上空をたくさんのクラゲたちが泳いでいるのに、魚たちの姿はどこにも見当たらない。サンゴも、海藻も、岩場も、なにひとつ見当たらない。そうするとやっぱり部屋のなかなのかもしれない。

「ま、いまはまだ信じられないかもしれないけどね、タコジローくんの部屋だって、ほんとはこれくらい広いはずだよ」

「えーっ。ぼくの部屋はぜんぜん狭《せま》いよ。机とベッドだけでいっぱいっていうか、バットの素振りひとつできやしないんだから」

「あれを見てごらん」

おじさんは上空を見やった。

「ほら。たくさんのことばたちが泳いでいるだろう？」

ことばなんて、どこにも泳いでいない。泳いでいるのは蒼く透《す》きとおったクラゲだけだ。

「じつはね、この部屋はおじさんの家でもあり、頭のなかでもあるんだよ」

章

# 「考える」は違う？

# 1

# 「思う」となにが

# どうしてしゃべるとスッキリするんだろう

海とも部屋ともつかない広い広い暗がりで、ぼくはおじさんのことばをうまく飲み込めずにいた。

間違いなくぼくは、おじさんの殻のなかへと入っていった。

ちいさなクラゲに誘われるまま、入っていった。

ところが殻のなかには「海よりも広い」空間が広がっていた。そしておじさんはここを、自分の頭のなかだと言う。

「きっとまだ、混乱してるよね」

おじさんがやさしく語りかける。

「ただでさえタコジローくんはきょう、いろいろと悩んでる様子だった」

そうだ。岩に寝そべって考えていたことが、ぜんぶひとり言になって聞かれていたんだ。そして岩は、おじさんの殻だったんだ。

「最後に言ってたよね、いっそこのまま消えてしまいたいって。どうしてタコジローくんはそんなふうに思ったのかな？」

「いや、あの……それは……」

「無理はしなくていいよ。話したくないのであれば、もうこれ以上は聞かない」

頭のなかが、ぐるぐるまわる。言いたくなかったし、思い出したくもなかった。そもそも、どこから話せばいいのかも、よくわからない。

「なんか……どうでもよくなっちゃって」

「なにがどうでもよくなったの？」

「……ぜんぶが」

違う。こんなのぜんぜん違う。言いながらぼくは思った。でも、ほかにことばが見つからなかった。

「だいじょうぶ。どこからでもいい。バラバラの話でもいいし、思いついた順番でいい。おじさんでよければ話を聞くよ」

おじさんのゆったりとした口調に促《うなが》され、ぼくは口を開いた。

「……あ、あのね」

緊張するとぼく、顔が赤くなっちゃうんだ。もっと緊張すると、口から墨がにじみ出ちゃうんだ。それでみんなに笑われて、ずっといじめられてきたんだ。先生もお母さんも、ほんとは知ってる。でも、見てみないふりしてる。それできのうね、体育祭のね、選手宣誓の役を決めるとき、みんなグルになって、ぼくを選んだんだ。本番でぜったい、ゆでダコになるからさ。全校生徒の前で、ぼくを笑うつもりなんだ。トビオくんたちが仕組んで、ウツボリくんとかアナゴウくんも言いなりになって。それできょう、学校に行こうとしたけど、バスから降りれなくって、隣にいたキンメダイのおばあさんが心配してくれて、この公園に来て、シェルフォンが何回も鳴って、もういやだ、このまま消えちゃいたいと思って、だから、だから、だから、だから……

ちゃんと話せたとは、とても思えない。涙がこみ上げて、喉《のど》の奥《おく》がぎゅうっと締めつけられたみたいになって、うまくことばが出てこなかった。しゃべろうとするほど声がひっくり返って、やっぱり墨が漏《も》れ出て、ますます自分がみじめに感じられた。

「ありがとう。それはつらかったね。よく話してくれた」

おじさんは、ぼくのぐちゃぐちゃな話が終わるまで、ひと言も口を挟《はさ》むことなく耳を傾《かたむ》けてくれた。ことばに詰《つ》まっても次のことばが出るまで待ってくれたし、脱線《だっせん》してもそれを正そうとしなかった。しかも聞き流している感じが、ひとつもなかった。こんなおとな、はじめて会った気がする。

「ふふっ」

思わずぼくは笑ってしまった。

「どうしたんだい？」

「だって、はじめて会ったおじさんに、こんなに『ぜんぶ』しゃべっちゃうなんて、ちょっと自分でもびっくりしちゃって」

「ははは、たしかに会ったばっかりだ。おじさんにしゃべってしまって、後悔《こうかい》してる？」

「ううん。逆になんか、スッキリしてる」

これはまったくの本心だった。ぼくは自分に話せるぜんぶを、おじさんにしゃべった。しゃべっているあいだは苦しかったし、頭もぐちゃぐちゃだった。けれど、しゃべり終えてすこし落ちついたいま、ぼくはスッキリしている。

「へえ、それはよかった。だったら問題解決、これでなにもかもオッケーって感じなのかな？」

「いや、そういうわけじゃないんだけど……」

当たり前だ。ぼくはただしゃべっただけで、問題はなにも解決していない。学校に行けばトビオくんたちがいて、またいじめられる。ぼくの顔は赤くなるままだし、体育祭の選手宣誓だってやらされる。全校生徒の前で、笑いものにされてしまう。なのにいま、心が軽くなっている。

「残念ながらおじさんは、タコジローくんの友だち関係に立ち入ることはできない。おじさんにできることがあるとすれば、タコジローくんの話を聞くことくらいだ。そしていま、タコジローくんは自分のことをしゃべってくれた。それですこしだけ、心が軽くなっている。消えてしまいたいって気持ちも、うすくなっている」

「うん。さっきまでとは違うかも」

「不思議だと思わないかい？　現実はなにも変わっていないし、問題はなにも解決していない。なのに、こんな気持ちになっている。これってどうしてなんだろう？」

「やっぱり……おじさんに話を聞いてもらえたことがうれしかったんじゃないのかな？　ふだん、だれも聞いてくれないからさ」

「そうだね。それはあるだろう。だれかが話を聞いてくれたらうれしい。同意してくれたり、やさしい声をかけてくれたりしたら、もっとうれしい。でも、それだけかな？　タコジローくんは話せたこと自体、うれしかったんじゃないかな？　つまり『聞いてもらうこと』より先に、『ことばにすること』のよろこびって、あったんじゃないかな？」

「ことばにすることのよろこび？」

「ああ。おじさんはね、こんなふうに思うんだ。だれかに話すとスッキリする。それは頭のなかを大掃除《おおそうじ》するような気持ちよさじゃないかって」

## 「コトバミマンの泡《あわ》」とコトバクラゲ

「頭のなかを大掃除する？」

「そう。これは実際に見てもらったほうがいいかな」

おじさんはそう言うと、背中に乗《の》せていた懐中《かいちゅう》電灯を手に取り、あかりをつけた。

懐中電灯が向けられたずっと先に、乳白色の球体が浮かんでいる。おおきさはたぶん、学校の教室くらい。遠すぎるせいでおおきさがわからず、輪郭《りんかく》もはっきりしなかった。

「あれは……なに？」

「おじさんの頭に渦巻《うずま》いている、『ことばにならない思い』さ。ひとまずおじさんは『コトバミマンの泡』って呼んでるよ」

「コトバミマンの泡？　あれって泡なの？」

「ああ。ここからだと濁《にご》ったかたまりに見えるけど、近づいてみればちいさな泡の集まりだってことがわかる。ちょっと近くまで行ってみよう」

おじさんに促されて、ぼくは球体のほうへと進んでいった。たしかにそれは、大小さまざまな泡の集まりだった。そしておじさんの言うとおりに泡は、ぐるぐると渦巻いている。さらにおどろいたのは、たくさんのクラゲたちがぐるぐるのなかにもぐり込み、せっせと泡を運び出していることだった。

「あのクラゲたちはなにをしてるの？」

「ああ、この子たちはただのクラゲじゃないよ。コトバクラゲって言うんだ」

「コトバクラゲ⁉」

「そうだ。おじさんの頭のなかにも、タコジローくんの頭のなかにも、たくさんの『ことばにならない思い』が渦巻いている。コトバミマンの泡としてね。しかもその泡は、つまり思いは、放っておくとどんどん増えていく。頭のなかがまっしろに濁って、なにも見えなくなるくらいに増えていく。だからこうやって、コトバクラゲたちに片づけてもらうんだ」

「ちょっとちょっと待って、わけがわからないよ」

渦巻く思い？　コトバミマンの泡？　思いを片づけるコトバクラゲ？　おじさんは

いったい、なんの話をしてるの？　ぼくの混乱をよそに、泡は巨大なぐるぐるを描《えが》き、
クラゲは泡を運び出していく。
「タコジローくんが戸惑《とまど》うのも当然だ。みんな自分の頭のなかなんて、覗いたことがないからね。でも、タコジローくんの頭のなかにもこれと同じ光景が広がっているんだよ」

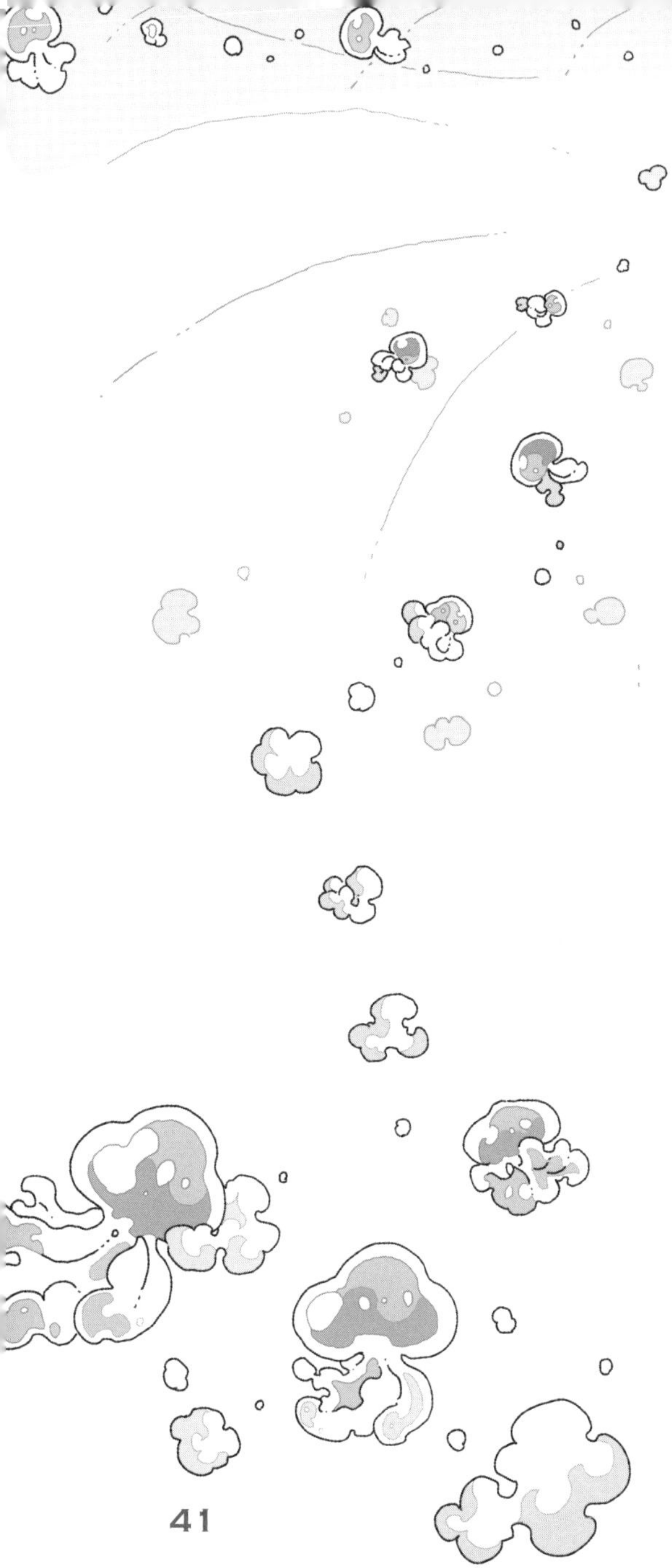

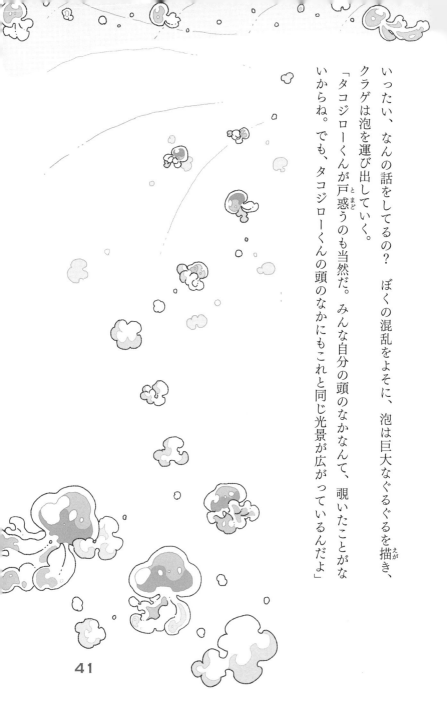

「泡も？　クラゲも？」

「そうさ。タコジローくんはさっき、おじさんに自分のことを話してくれたよね？」

「うん」

「あのとき、タコジローくんの頭のなかでは、コトバクラゲたちがせっせと泡を運び出してくれていたんだ。タコジローくんの思いを、『ことば』という荷物に変えてね。おかげで頭の濁りが、すこしクリアになった。タコジローくんがスッキリしたのは、ちょっとだけ『ぐるぐる』が晴れたおかげだったのさ」

大掛《おおが》かりな手品をかけられたような困惑《こんわく》で、おじさんの言ってることが半分も頭に入ってこない。けれど、おじさんがふざけているとも嘘をついているとも思えなかった。実際、ことばにならないぼくの気持ちを言い表すのに「ぐるぐる」は、とてもぴったりな気がしたのだ。

「でも、いまの話がほんとだとして、あのコトバクラゲたちはどこに泡を運んでるの？」

「よし、おじさんを背中に乗せてくれるかい？　一緒にコトバクラゲを追いかけていってみよう」

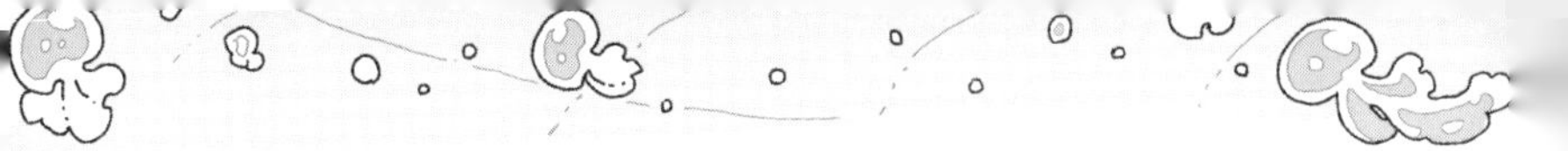

# 「思う」と「言う」には距離《きょり》がある

おじさんを背中に乗せて、ぼくは泳いだ。大事そうに泡を抱えたコトバクラゲたちは、上空のどこかへと列をなすように泳いでいく。やがてずっとずっと先のほうに、ちいさな光が見えてきた。コトバクラゲはみんな、あの光をめざしているようだ。

「ずいぶん遠くまで運ぶんだね」

背中のおじさんに語りかける。

「そうだね。『思う』と『言う』のあいだには、意外と距離があるんだ」

「距離？　『思う』と『言う』のあいだに？」

「ああ。たとえばタコジローくんのクラスにも、おしゃべりな子はいるよね？　授業中もどんどん発言して、リーダーシップを発揮して、休み時間にもおもしろい冗談《じょうだん》をたくさん言うような」

「うん。トビオくんはそんな感じ。あんなふうにしゃべることができたら、気持ちいい

だろうな、って思う」

「タコジローくんは、どちらかというと無口なほうなんだね」

「無口っていうか、しゃべるのが苦手っていうか、頭の回転がにぶいんだろうね。うまくことばが出なくなるんだ。いじめられたりしても、言い返せないし。そして言い返せないまま黙ってると、もっとバカにされちゃうし」

「タコジローくん、それは違う。うまく話すことができないのは、頭の回転がにぶいからじゃない。トビオくんみたいな子は、『思う』と『言う』の距離が近いだけなんだ」

「……あっ」

おじさんと話しているうちに、光の近くまで泳ぎついた。暗い壁にぽっかりと穴が開いていて、そこからまぶしい光が差し込んでいる。コトバクラゲたちは行儀《ぎょうぎ》よく列をつくり、泡を外へと押《お》し出していく。

「ああやってコトバクラゲたちは、おじさんの思いを外の世界へと解き放ってくれるんだ。おかげでぼくたちは自分の思いをおしゃべりできているんだよ」

「あの泡は、ことばになって出ていったの？」

「そしてあそこに開いてる穴は、おじさんの口みたいなものだと思ってもらえばいい」

「こんな遠くに口があるの？」

「ああ。おじさんが語ることばはみんな、この穴から出ていく。そしてタコジローくんの場合は、頭の中心からうんと遠いところにこれと同じ穴が開いている。もしかしたら、おじさんの穴よりも遠いところにね」

「じゃあ、ぼくは……」

「『思う』と『言う』の距離が遠いだけ。ことばを外に出すまでに、時間がかかっているだけさ。決して頭の回転がにぶいとかじゃない」

ふと光のほうに目をやると、コトバクラゲたちが、ごちゃごちゃと列を並び替《か》えはじめた。

「……あれは、なにをしてるの？」

「ことばを外に出す順番、つまり話す順番を考えているのさ。ああやって考えているうちに、ことばが渋滞《じゅうたい》しちゃうこともある。でもそれは、ていねいに話そうとしている証拠《しょうこ》だよ」

「ことばが渋滞する？」

「トビオくんみたいな子は、思いついた順にポンポンしゃべるんだろうね。一方でおじさんやタコジローくんみたいなタイプは、ことばが渋滞することもある。これはどっちがいいとか悪いとかじゃなく、性格というか、個性の問題なんだ。す

らすら話すことができないからって、なにも気にすることはないさ」

たしかにぼくは、なにをどこから話せばいいのかわからなくなることが多い。出口付近で大渋滞を起こす、コトバクラゲたち。なんというかそれは、うまく話せないぼく自身を鏡で見せられたような気分だった。

「さっ、いつまでも背負っているのはきついだろう。そろそろ下に降りていこう」

# 「だれにも言えないこと」はだれに言う？

「……でもさ、おじさん」

おじさんを乗せて下まで泳ぎながら、ぼくは言った。

「ぼく、さっきはおじさんに話すことができたよね？　こんなにぜんぶ話せたのは、はじめてな気がする。それで、なんでぜんぶ話せたかっていうと、ぼくのことばが出てくるのをおじさんが辛抱《しんぼう》づよく待って、しっかり聞いてくれたからじゃないかと思うんだ」

「なるほど、それで？」

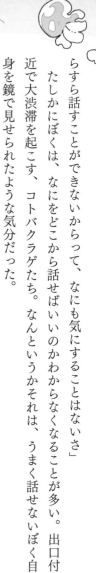

「でもさ、だったらちょっと絶望的じゃない？　だって、だれもおじさんみたいに辛抱づよく聞いてくれないよ。学校の友だちも、先生も、みんなぼくをのろま扱《あつか》いして、ちっとも聞いてくれないよ。けっきょくぼくは、ずっと『ぐるぐる』を抱えたままだよ」

「なるほどなるほど、そういうことか」

背中から離れ、ふわっと地面に降り立ったおじさんは言った。

「たしかにおしゃべりは、聞いてくれる相手がいて、はじめて成立するものだ。自分の話を聞いてくれる友だちがいる。それはすばらしいことだよね。でも、残念なことにぼくらは、いつもそういう相手に恵《めぐ》まれているわけじゃない。おじさんだってそうだよ。自分の思っていることをぜんぶ話せる親友なんて、なかなかいないものさ」

「おじさんも？」

「もちろん。それはイカリくんやトビオくんだって、一緒じゃないかな。友だちだからといって、なんでも話せるわけじゃないからね。彼らにしても『だれにも言えないこと』は抱えていると思うよ」

「じゃあ、どうするの？　だれにも言えないまま、だれにも相談できないまま、ことばにできないまま、『ぐるぐる』を、コトバミマンの泡を抱えてがまんするの？」

いや、とおじさんは首を振った。

「相談する相手がいない。だれかに相談できる話じゃない。そういうときには自分に相談すればいいんだよ」

「自分に相談する?」

「そう。たとえばタコジローくんが、学校のことで悩んでいるとしようか。そんな自分を見つけたら、そっと声をかけてあげるんだ。『どうしたんだい? ぼくでよければ話を聞くよ』って」

たくさんのコトバクラゲたちがぐるぐるのなかに飛び込み、コトバミマンの泡を運び出していく。その仕組みはわからないけれど、なんとなくわかる。きっとおじさんはいま、むずかしいことをいっぱい考えて、ことばにしようとしているんだ。次の質問をするのが、すこしだけ怖《こわ》く感じられた。

「いや……自分に声をかけるって、どうやって?」

「書くのさ」

おじさんは微笑《ほほえ》んだ。

「書くってね、自分と対話することなんだよ」

# 書いて自分と対話する

「自分と……対話する？」

「さっきタコジローくんは、自分のことを話してくれたよね？　これはことばのおもしろいところでさ、じつはあのときのタコジローくんは、おじさんとしゃべりながら、自分自身ともしゃべっていたんだよ」

「はぁ？　どういうこと？」

「ほら、相手になにかを説明しながら、『ああ、自分はこんなふうに思っていたのか』って気づくこと、あるだろ？　ことばにするまでわからなかった、自分の本心に気づくことが」

「あっ……!!」

たしかにそうだ。さっき、おじさんにたくさんしゃべりながらぼくは、自分がウツボリくんとアナゴウくんのことを最初か

ら好きじゃなかったんだと気がついた。好きでもないのに、ひとりになるのが怖くて一緒にいたんだと。

「……ときどきある、かも」

「ある意味これも、自分との対話だ。自分の思いをことばにする。そのことばを聞いて、なるほど自分はこう思っていたのかと納得する。自分の発したことばで、自分を知る。だからこそ、実のあるおしゃべりはスリリングでおもしろい」

「うん……なんか、それはわかる気がする」

「ただし、自分との対話がいちばん深まるのは、文章を書くときだ」

「どうして？」

「さっき、コトバクラゲたちがたくさんの泡を運んでいくのを見たよね？」

「うん」

「じゃあ、ぼくたちが自分の思いを文章にするとき、コトバクラゲたちはそのことばをどこに運んでいくと思う？」

「さっきの出口じゃないの？」

「違う。あそこは話すとき専用の出口だ」

「えーっ、だったらわかりっこないよ。この部屋のルール、めちゃくちゃなんだもん」

「わっはっは。それはそうかもしれないな。じゃあ、一緒に答えを見てみよう。……きっとタコジローくんも気に入ってくれると思うよ」

おじさんはふたたび懐中電灯を手に取ると、さっきとは別の方向を照らした。

「すごーい！　なにこれ!?」

懐中電灯のあかりが向けられた先には、てっぺんが見えないほどおおきな本棚《ほんだな》が、ずっとずっと遠くまで城壁《じょうへき》みたいにそびえ立っていた。本棚はびっしり本で埋《う》めつくされ、蒼いコトバクラゲたちがせっせとそれを整理している。

「これって、ぜんぶおじさんの本!?　おじさん、こんなにたくさん読んでるの？」

「いやいや、本物の本じゃないんだ。本みたいなかたちをしているけれど、あれはみんなおじさんの『考え』さ」

「おじさんの考え？」

「そう。自分の思いを書く。文章にする。このとき、泡のように不確かだった『ことばにならない思い』は、かたちを持った『考え』に変わる。そしてコトバクラゲたちが、あの棚に収めていく。本みたいなかたちを手に入れた、おじさんの考えをね」

「はあ？」

## 「書く」と「話す」はどこが違う?

「いやいや待って待って!」

この本棚に並んでいるのは、おじさんの考え? おじさん、こんなにたくさん考えてきたの? あらためて本棚の城壁を見上げ、ぼくは頭がくらくらしてきた。

「おじさんの言ってることも、このでっかい本棚も、わけがわかんないよ!」

「ここはていねいに説明したほうがいいだろうね。どこから説明しよう?」

「まずはこの本棚をちゃんと説明してよ」

「よし。さっきおじさんと一緒に、コトバクラゲたちを追いかけていったよね?」

「うん。口から出ていくことば」

「そうだ。あそこで見たことばは、その場かぎりで消えてしまう泡のことばだ。思ったことを、思ったままに口にして、パチンとはじけて消えていく。そういう種類の、伝えることが目的のことばだ」

「……泡みたいに、消えてしまうの?」

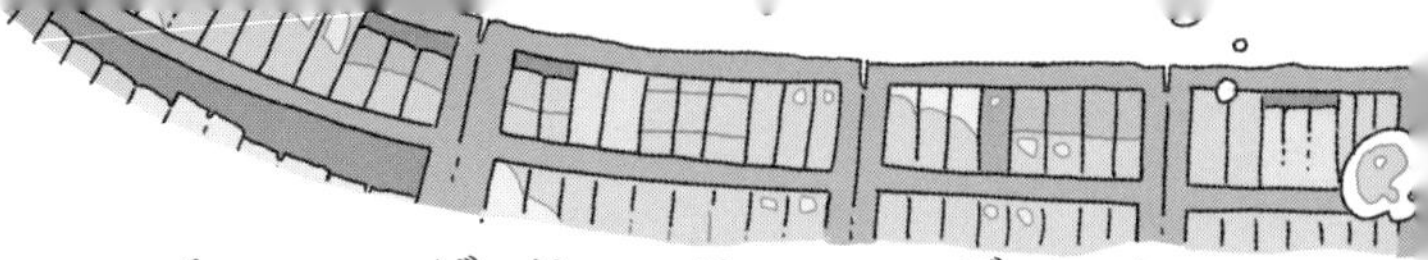

「そう。いまタコジローくんとおじさんが交わしているのも、泡のことばだよ。口に出したそばから消えていくし、消えた泡は二度と元には戻らない。でも、そういう泡だからこそ、気楽に、ある意味いい加減に、思ったことをそのまま口にすることができる。ぼくたちが何時間でもたのしくおしゃべりしたり、おしゃべりの内容をほとんど憶《おぼ》えていなかったりするのはそのせいさ。すべては泡と消えてしまうんだからね」

「そっか。たしかにたくさんおしゃべりしたあとって、『たのしかったなー』ってことは憶えていても、なにを話したのかは忘れてたりするよね」

「一方、何時間もしゃべることと何時間も書くことは、まったく違う。どんなに書くのが得意でも、何時間も書き続けていたらへとへとに疲《つか》れてしまう。それは書かれることばが、泡じゃないからだ」

「どうして泡じゃなかったら疲れるの？」

「そこがまさに『思い』と『考え』の違いさ。これについてはちょっと、実例を示してみせたほうがいいかもしれないね」

そう言うとおじさんは、いきなりへんな声でしゃべりはじめた。

きのうコンビニでね、あっ、お母さんに買いものを頼《たの》まれて、それで夕方行ったんだけど。そのコンビニに入ったらさ、ほら、この前あいつが言ってたコーラ、なんかアオサ風味のコーラがあるって言ってたじゃん。それを探《さが》してたら、いやっ、違う。その前にゴミ袋《ぶくろ》だ。お母さんに頼まれたゴミ袋を探して、見つけて、それでそれだけ買って帰るのもバカらしいから、お菓子《かし》とか見て、ドリンクコーナーに行ったらちょうどシェルフォン鳴って。見たら塾《じゅく》からの電話でさ。いや、先週テストをサボったんだよ。だからヤベーと思って。再テストとかぜったい受けたくないし。でもしょうがないから電話に出たら、辞書の忘れものだって。もう、勘弁《かんべん》してくれって。マジびっくりしたよ

「……というのが、よくある泡のことばだ」
「うんうん。トビオくん、そんなしゃべりかたする」
「話の順番なんておかまいなしで、思いついたことを思いついた順に言って、そのつど訂正《ていせい》したり付け足したりと、かなり自由にしゃべってる。目の前でしゃべっていることもあって、こういう話しかたでもちゃんと通じるし、逆に勢いがあっておもしろかった

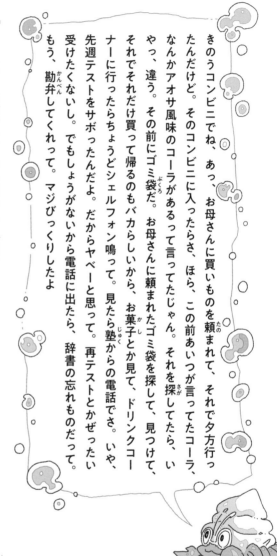

りする。でも、いまのセリフをそのまま文字にしたら、ものすごく読みにくいよね」

「うん。めちゃくちゃになると思う」

「もしも文章にするのだったら、もっと話を整理して、つまり考えながら書かないといけない。たとえば、こんな感じかな」


**きのう、コンビニに出かけた。母にゴミ袋を買ってくるようにと頼まれたからだ。言われたサイズのゴミ袋を見つけたぼくは、ついでに自分の買いものもしようと思った。夜食がほしかったし、以前友だちがアオサ風味のコーラについて話していたのを思い出したのだ。お菓子や飲みものを物色していると、不意にシェルフォンが鳴った。開くと、塾からの着信だった。恐る恐る電話に出てみたところ、辞書を置き忘れているから取りにおいで、とのことだった。ぼくはホッと胸をなで下ろした。先週テストをズル休みしていたので、てっきり再テストの話かと思ったのだ。**

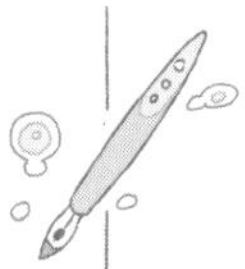

「たしかに。さっきのおしゃべりとはぜんぜん違う。整理されてる感じがする」
「そのとき自分がどういう状況《じょうきょう》にいて、なにが起こって、どんなことを思ったのか考え

る。そうしないと、この程度の文章さえ書くことができない」

「思いつくままおしゃべりするのとは違うんだね」

「そうだ。『考え』のともなわないおしゃべりは、いくらでもありえる。一方、『考え』のともなわない文章はありえない」

「考えないと、書けないってこと?」

「ああ。タコジローくんも、書くのは面倒《めんどう》くさいだろ?」

「うん、面倒くさい」

「どうして面倒くさいんだと思う?」

「だって、いちいちペンを持って、自分の手でちまちまノートに書いていくなんて、超《ちょう》面倒くさいじゃん」

「違う。書くときのぼくたちは『手を動かすこと』が面倒くさいんじゃない。『頭を動かすこと』が面倒くさいんだ。なにかを書くためには、それについて真剣《しんけん》に考えなきゃいけない。その『考える』という手間を、みんな面倒に感じているんだ。書くことは、考えることだからね」

「書くことは考えること?」

「そう。考えることは書くことだと言っても、かまわない」

# 考えるとは「答え」を出そうとすること

「いや、それはちょっと言いすぎだよ。だって、おしゃべりもしないで、書きもしないで、黙って考えることだってあるよね？　っていうか、ふつうはそういうのを『考える』って言うんじゃないの？」

「なるほど。それは『考える』ということばの定義にかかわる話かもしれないな。たとえばタコジローくん、なにかについて『考える』ことと『思う』ことって、どこが違うんだろう？」

「えーっ？　『考える』ことと『思う』こと？　……わかんないけど、『考える』のほうが賢《かしこ》そう。むずかしそうっていうか」

「じゃあ、タコジローくん自身のことを振り返ってみて、ふだんどんなときに自分は『考えてる』と思う？」

「いやぁ、そんなに考えてないかもしれないけど、うーん。……テストのときとか？　むずかしい数学の問題を解くときは、さすがに考えてるよ」

「そう！　すばらしい答えだ。もう、いまのことばに『考える』ということのぜんぶが詰まってると思うな」

「どういうこと？」

「いまタコジローくんが言ったとおりだよ。『考える』と『思う』の違いはね、『答えを出そうとすること』にあるんだ」

「答えを出そうとすること？」

「そうさ。数学なら数学の問題を解こうとするとき、ぼくたちは考える。必死で考える。『思う』だけじゃ、問題は解けない。そうだよね？」

「うん」

「これはテストにかぎった話じゃない。学校のこと、友だちのこと、家庭のこと、将来のこと。考えるのはすべて、なんとかして『答え』を出すためなんだ。そしてどんな問題でも真剣に考えていけば、いつかは答えにたどり着く。もちろん数学と一緒で、答えを間違えることはあるだろう。結果的に不正解だったということもあるだろう。でも、考える力さえあれば、自分なりの答えを出すことはできるんだ」

「それを言うなら、ぼくだって考えてるよ？　学校のことも、進路のことも、ちゃんと考えてるよ？　でも、答えなんてわかんないよ。おじさんに言わせれば、ぼくはなにも考えていないってことなの？」

「そこについてもタコジローくんはさっき、大事なヒントを言ったんだよ。数学の問題を解くときは考える。じゃあ具体的に、どうやって解いているか思い出してごらん」

「数学の問題を？」

「たとえば、16×21×43という問題があったとする。問題自体はなんてことのない掛《か》け算だ。でも、暗算で解くにはむずかしいよね？」

「うん、むずかしい」

「一方、筆算すれば、つまり手で書きながら解いていけば、簡単に答えを出せるはずだ」

「……たぶん」

「じつは数学じゃない問題を考えるときも、これと同じなんだ。たとえばタコジローくんが、友だちとケンカしたとする。どんなふうに仲直りするか、悩んでいたとする。このとき、じっと腕組みしたまま考えるのは、むずかしい問題を暗算で解こうとしているようなものだ。頭はこんがらがるし、なかなか答えにたどり着けない。そうじゃなくって、自分の気持ちをひとつずつ紙に書いていけばいい

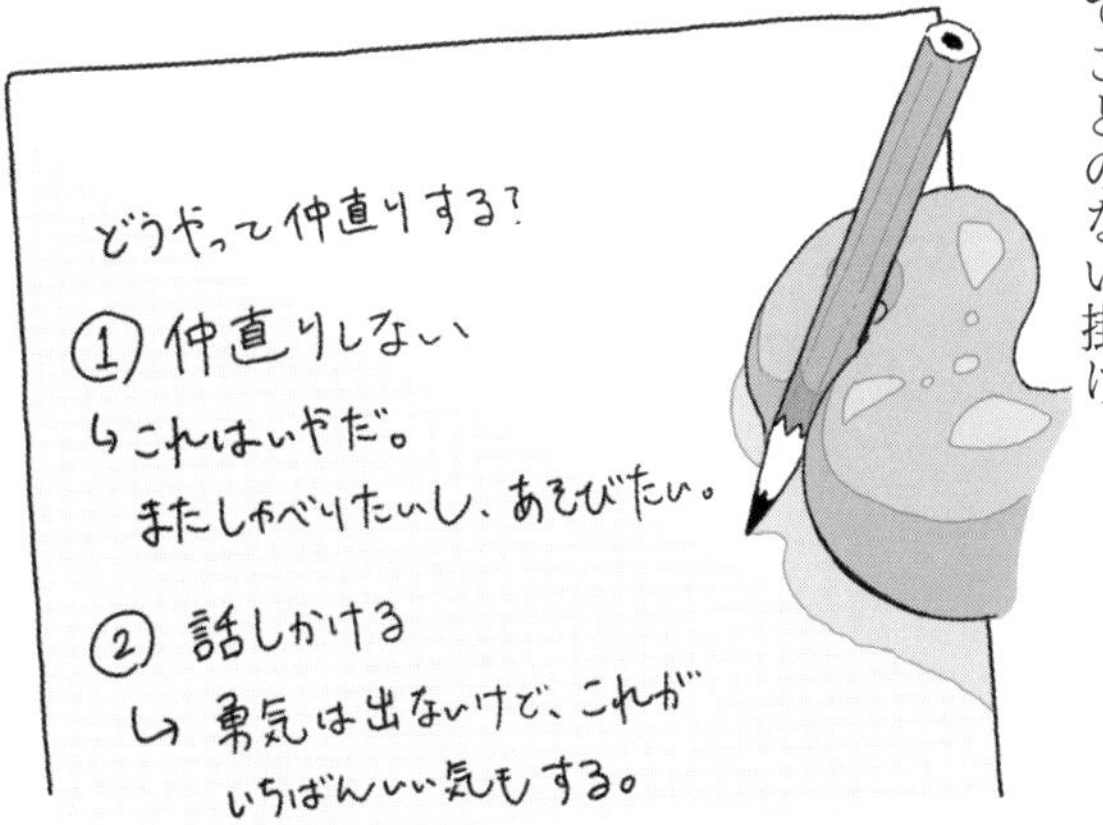
どうやって仲直りする？
①仲直りしない
↳これはいやだ。
またしゃべりたいし、あそびたい。
②話しかける
↳勇気は出ないけど、これが
いちばんいい気もする。

んだよ。筆算するようにね」

「筆算するように……文章を書く？　なにか特別な書きかたがあるの？」

「いや、ふつうに書けばいいさ。筆算するとき、つまり計算式を解くとき、ぼくたちは答えもなにもわからないまま書きはじめるよね？　それと同じで、まずは書いてみる。書きながら考えていく。そうすればいつか、自分だけの答えにたどり着くんだ」

「どうして？　文章と計算式は違うよ？」

「……タコジローくんの筆箱に入っているものを思い出してごらん。そこにヒントが転がっているはずだから」

## ぼくたちは「消しゴム」を持っている

「ぼくの筆箱に入っているもの？」

「タコジローくんの筆箱には、なにが入ってるかな？」

ぼくは自分の筆箱を思い出した。シャープペンシル。三色ボールペン。蛍光《けいこう》ペン。消しゴム。定規。コンパス。シャープペンシルの替え芯《しん》。あとはシールとかクリップとかも入ってるけど、それは関係なさそうだ。

「そんな特別なものは入ってないよ。シャーペンと、ボールペンと、消しゴムと……」

「それだ」

「えっ？」

「おしゃべりと文章の、最大の違い。それは消しゴムの存在なんだ」

「消しゴムが？」

「そう。おしゃべりと違って文章には、消しゴムがある。つまり、何度でも書きなおすことができる。これはパソコンで書くときも、シェルフォンで書くときも同じだ。シェルフォンで書くメッセージも、送信するまでは何度でも書きなおせるだろ？」

「それはそうだけど……それのどこが大事なの？」

「おしゃべりには、消しゴムがないんだよ。だから、うっかりミスが起こりやすい。『口が滑る』ってやつだね。タコジローくんも、そんなつもりじゃなかったのに、つい言っちゃったことばってあるんじゃないかな？」

……ある。学校でいじめられて帰った去年の春、部屋に閉じこもったぼくに、お母さ

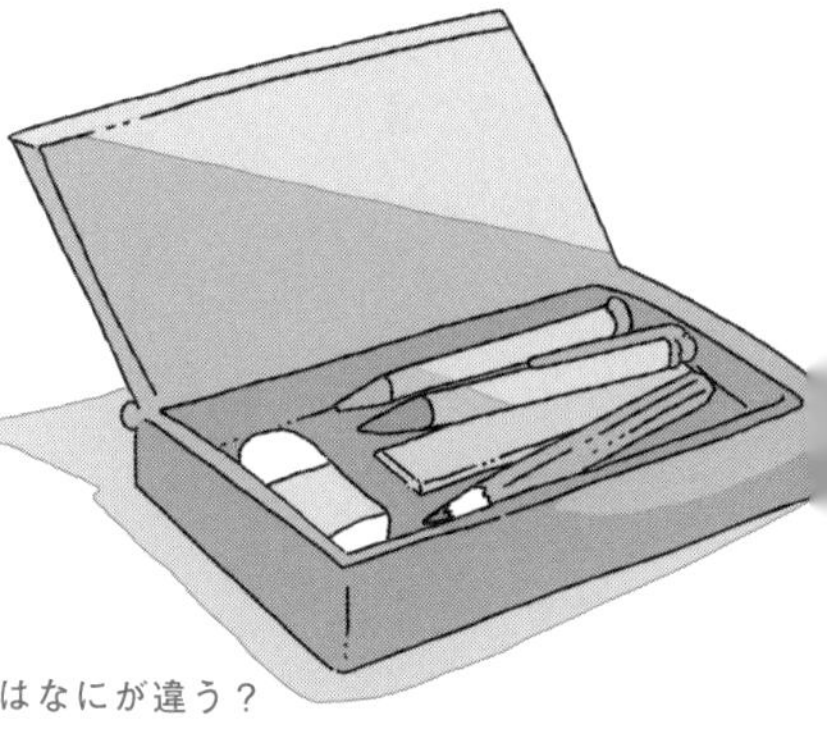

んがしつこく「どうしたの？」「学校でなにかあったの？」「お母さんから先生に相談しようか？」と聞いてきた。しつこさのあまり、ぼくはつい「お父さんとお母さんがタコじゃなければよかったんだよ！」と怒鳴《どな》ってしまった。

お母さんは目をまっ赤にして立ち上がると、そのまま部屋から出ていった。思い出すだけで、胸がきゅうっとなる。

「一度口に出してしまったことばは、取り返しがつかない。これはおしゃべりのいちばん恐ろしく、むずかしいところだ。そして自分の発した何気ないことばがだれかを傷つけたことを知ると、自分で自分を許せなくなる」

「そう……だね」

「でもね、書くことを恐れる必要はないんだよ。だって、ぼくたちには消しゴムがあるんだから。納得がいくまで、だれにも見せず、書きなおせばいいんだ。これっておしゃべりとぜんぜん違うだろ？」

「……うん、違う」

「書いては消し、消しては書く。『こんな感じかな？』と書いていく自分と、『違う、もっと別の言いかたがあるはずだ』と消しゴムを入れる自分が、何度も話し合う。――まさしく、自分との対話だ」

「書きなおしが？」

「そうさ。文章を書くだけじゃ、自分の気持ちなんてわからない。書いて、読んで、『こうじゃない』と消しゴムを入れて、また書いて。それをくり返すなかで、ぼくたちは答えに近づいていくんだ。計算式を解くようにね」

「でもさ、数学の問題は正解が決まってるよね？　2×2は4だよね？　だけど、友だちとか進路とかの悩みには、正解なんてなくない？」

「たしかに、数学みたいな不動の正解はないだろう。きょうタコジローくんが学校を休んだことも、正解だったのか不正解だったのか、だれにもわからない」

「そうだよ、わかりっこないよ」

「でもね、すべての文章は『その時点での答え』なんだ。いま、自分はこう考えている。もしかしたらいつか、消しゴムで消すのかもしれない。書きなおすのかもしれない。でも、いまの自分にとっての答えはこうだ。これ以上、消しゴムが入らない。……そう思えるところまで書き進めてごらん。次の扉《とびら》が見えてくるはずだから」

# 心の長い階段を降りていくと

「次の扉？」

おじさんは、ちいさなコトバクラゲと耳打ちして頷いた。

「そう。書き進めることで開く、次の扉があるんだ。一緒に来てごらん」

コトバクラゲがうれしそうに、ぼくの頭上をくるくるまわる。ぼくをこの部屋に招き入れてくれた、あの子だ。次の扉ってなんだろう。次の扉ってどこにあるんだろう。ぼくに、おじさんたちの誘いを断る理由はひとつもなかった。

ちいさなコトバクラゲが先導するなか、おじさんとふたりで歩きはじめた。「どこに行くの？」と聞くつもりはなかった。この部屋と、このおじさんのことだ。どうせよくわからないことを言われて終わるだけだろう。代わりにぼくは、おじさん自身について聞くことにした。

「ところでおじさんは、公園に住んでるの？」

「住んでるというか、なんというか。おじさんの場合はどこにいてもそこが自分の家になるからね」

「ヤドカリだから？」

「そうだね。おじさんは世界中を旅してるんだ。この町に来たのも、ほんの3ヶ月ほど前のことさ。だからいまは公園の片隅で、みんなのじゃまにならないよう暮らしているよ。そのうちまた旅に出ることだしね」

「ふうん。じゃあ、おじさんはなんのお仕事をしてるの？」

「おっと！」

おじさんは急に大声を上げた。
「ここから階段を降りていくから、気をつけて」
見ると、唐突《とうとつ》に階段が下へと延びていた。どこまで続いているのか、暗くてよくわからない。コトバクラゲはからだをぶるぶる震《ふる》わせると、よりつよく光った。コトバクラゲのあかりがなければ、泳げないおじさんは足を踏《ふ》み外してしまいそうだ。足元を照らすコトバクラゲ。ゆっくりと歩を進めるおじさん。そのあとをふわふわ泳ぐぼく。いま、ぼくはどこにいるんだろう。どこへ行こうとしているんだろう。いろんなことがわからなくなってくる。

「さあ、着いたぞ」

長い階段を降りていった先に、おおきな扉があった。

「……これが、次の扉？」

「そうだ。一緒に開けて、確かめてみよう」

扉に伸ばすおじさんの手に、きらり光るものが見えた。

章

# ダンジョンを
# ために

# 2

# 自分だけの冒《ぼう》険《けん》する

# その作文、嘘が混ざってない？

開いた扉の向こうには、さっきまでと同じ闇《やみ》が広がっていた。

いや、むしろ闇は深くなって、ますますあたりが見えづらくなっていた。ひんやりとした潮が、全身をすり抜ける。ここからちゃんと帰れるのかな。ぼくはすこしだけ心細くなった。

「ねえ、おじさん。ここは地下室？　あかりはないの？」

「ま、地下室といえば地下室かな。そのうち目も慣れてくるさ」

「ここはなにを置く部屋？　物置き？　やっぱり本棚が並んでるの？」

「あれを見てごらん」

おじさんが指し示す先に天井から一本、糸を引くように光が降りていた。

「あれは？」

ぼくの問いかけを背中で受けたまま、おじさんは先を歩く。目を凝《こ》らすと光の糸は、小ぶりな机を照らしていた。

「先に泳ぐかい？」

のんびり歩くおじさんに促され、ぼくは机のもとへと泳いでいった。高い高い天井のどこかから、スポットライトのように降りる光。机のうえには、古ぼけたノートが開いたまま置かれている。

「なかなかいい机だろ？」

背後からおじさんの声が聞こえた。その手には、きらきら光る万年筆が持たれている。真珠《しんじゅ》の飾《かざ》りが埋め込まれた、いかにも古めかしい万年筆だ。

「おじさんは毎日、ここで書いているんだ」

「書いてるって、なにを？」

「日記だよ。高校に入るくらいのころから、ずっとつけている。もう何冊目になるのかな。そこにあるノートは最新版さ。まあ、義務でも仕事でもないから、書けなかった日もあるけどね」

「ふうん」

ジロジロ見てはいけないような気がして、ぼくはノートから目を逸《そ》らした。正直、おじさんの日記にはそこまで興味が湧《わ》かない。おじさんくらいの世代には、ときどき日記をつけるおとながいる。シェルフォンもなかった時代だから、それくらいしかやることがなかったんだろう。ただ、そう思った。

「やっぱりおじさんは、書くのが好きなんだね」

「いやいや、そういうわけじゃないんだ。おじさんもタコジローくんくらいのころは、書くことなんて大嫌いだったからね」

「えっ、そうなの？」

「ああ。日記も、作文も、読書感想文も、大の苦手だった。書いてもおもしろくないし、ほんとにいやだった」

「じゃあ、どうして好きになったの？　だって、好きだから毎日書いてるんでしょ？」

「うーん、きっかけはいくつかあるんだけど、いちばんおおきなきっかけは、気づいたことじゃないかな。ほめられなくてもいいんだって」

「ほめられなくてもいい？」

「ああ。学校で作文を書いたり、読書感想文を書いたりするとき、おじさんは先生にほめてほしくて、書いていたんだよ。おとなにほめてもらえるような作文を」

「それのなにが悪いの？」

「タコジローくんも、ほめてもらえるように書いてるんだね？」

「そりゃそうさ。だって作文は、先生が読むんだよ？　それで花マルがついたり、つかなかったりするんだよ？　ほめてもらえるように書くのが当たり前じゃん」

「まあね。おじさんもそう思ってた。でも、ほんとにそれでいいのかな？　というのもさ、おじさんが先生にほめてもらおうと書いた作文には、ちいさな嘘がたくさん混ざってたんだ。聞きわけのいい『いい子』を演じて、いかにも優等生っぽい、心にもない『いいこと』ばかりを並べてさ」

「でも、作文ってそういうものだし……」

「おとなの顔色をうかがうことが？」

ぼくは、これまで自分が書いてきた作文や読書感想文を思い出した。そのどれもが、「ぼくもクラスのみんなとがんばろうと思いました」とか、「これからゴミの分別に注意しようと思います」とか、心にもない決意を語って終わっていた。嘘といえば嘘だ。でも、そんなふうに書かないと怒られるような気がしていた。そうだ、ぼくの場合は「ほめてほしい」よりも先に、「怒られたくない」があるんだ。

「タコジローくん。自分の正直な気持ちを書けないなんて、そんなに悲しいことってないだろ？　だって、タコジローくんの文章は、タコジローくんのものなんだよ？」

「だけど、へんなこと書いたら怒られちゃうよ」

「タコジローくんは、ほんとうに『へんなこと』を書いたことがあるのかな？　それでだれかに怒られたことがあるのかな？」

「……えっ？」

「はっはっは。『へんなこと』ってね、意外と書けないものなんだよ。とくにタコジローくんの場合、まわりからストップをかけられる前に、自分でブレーキを踏んでしまっているんじゃないかな。自分で選択肢《せんたくし》を狭《せま》くして、自分で自由を奪《うば》っていって」

「それは『ほめられたい』とか『怒られたくない』とかがあるから？」

「そうだね。タコジローくんは『へんなこと』を書いちゃいけないと思っている。『いいこと』を書かなきゃいけないと思っている。『へんなこと』を避けるために、ことばを選ばなきゃいけないと思っている」

「うん」

「ところがその気持ちが、タコジローくんから『考えること』を奪ってきたんだ。ことばを選ぼうとするあまり、自分の気持ちを消してしまってね」

「どういうこと？」

「中学時代のおじさんもそうだった。おとなからほめてもらうため、それっぽいことばを並べるだけの作文を書いていた。いまになって思うとそれは、なにも書いていないのと同じことだったんだ」

いつの間にか万年筆はおじさんの手を離れ、開かれたノートのうえでくるくると踊《おど》っていた。しかもただ踊るのではなく、まるで意志を持っているかのように、自分で文字を書いていた。いったいなにを書いているんだろう？

「ねえ、タコジローくん」

名前を呼ばれて顔を上げる。

「一緒に『へんなこと』、書いてみないかい？　タコジローくんのなかに眠っている、とびきりの『へんなこと』を」

# 文章が心から離れていく理由

「ぼくのなかの『へんなこと』？」

「そう。ほかのみんなとは違うこと。タコジローくんにしか書けないこと。せっかく書くんだったら、自分にしか書けないことを書いたほうがおもしろいと思うけどな」

ほかのみんなとは違う文章。自分にしか書けない文章。とても魅力的《みりょくてき》な響《ひび》きだ。すこしのあいだ考えて、ぼくは言った。

「……いや、ぼくは無理だよ、それ」

「どうして？」

「だってぼく、書くのが苦手だもん。しゃべるのだってぜんぜん得意じゃないけど、書くのはもっと苦手だもん」

「なるほどね。タコジローくんはどんな文章について、苦手意識があるのかな？」

「ぜんぶだよ。作文も苦手だし、読書感想文も苦手だし。小学生のころに書かされた夏休みの日記もほんとに大変だったし」

「じゃあ、きっとこんな感じかな。たとえばなにかの本を読んで、読書感想文を書くとする。タコジローくんはその本にすごく感動した。主人公の気持ちが、まるで自分のことのように感じられた。本を持つ手が、ぶるぶる震えるくらいだった。なのに、実際に感想文を書いてみると、自分の思いとぜんぜん違う文章になっていく。書けば書くほど、自分の気持ちから離れていく。けっきょく読んでいたときの感動を、半分も書くことができない」

「そう！　いつもそうだよ！　まったくそう！」

おじさん、よくぞ言ってくれた。ほんとにそうなんだ。

作文でも読書感想文でもぼくは、いつもギャップを感じていた。「自分の気持ち」と「実際に書かれた文章」のあいだに、ありえないくらいの距離を感じていた。ほんとの自分はこうじゃない。こんなことを書きたかったわけじゃない。でも書こうとすると、ほんとに言いたかったことが、心のなかで思っていたことが、ぜんぜん書けない。文字になるのは、どこにでもあるような「感動しまし

た」とか「とてもおもしろかったです」とかのことばばかりだった。

「どうしてそんなことになると思う？」

「だから、文章が下手だからだよ。ぼくに才能がないからだよ。実際、国語の成績だってよくないしね」

「おじさんの答えはちょっと違うな。才能なんて関係ない。タコジローくんはきっと、答えを決めるのが早すぎるんだよ」

「答えを決めるのが早すぎる？」

「そう。せっかちなのか、面倒なのか、答えを決めるのが早すぎる。つまり、ことばを決めるのが早すぎる。ほら、あせって答えを出そうとすると、簡単な足し算だって計算間違いを起こしちゃうだろ？　それと一緒でタコジローくんは、『ことばの計算間違い』を起こしているのさ。落ちついてやれば解けるはずなのにね。おかげで書けば書くほど自分の気持ちから離れていく。それだけのことだと思うよ」

ことばの計算間違い？　おじさんの言ってることが、よくわからない。

「えっと、ことばを決めるのが早すぎるから、計算間違いを起こして……」

おじさんは両手を広げて笑った。

「よし、買いものにたとえて話そう。ちょっとこの映像を見てごらん」

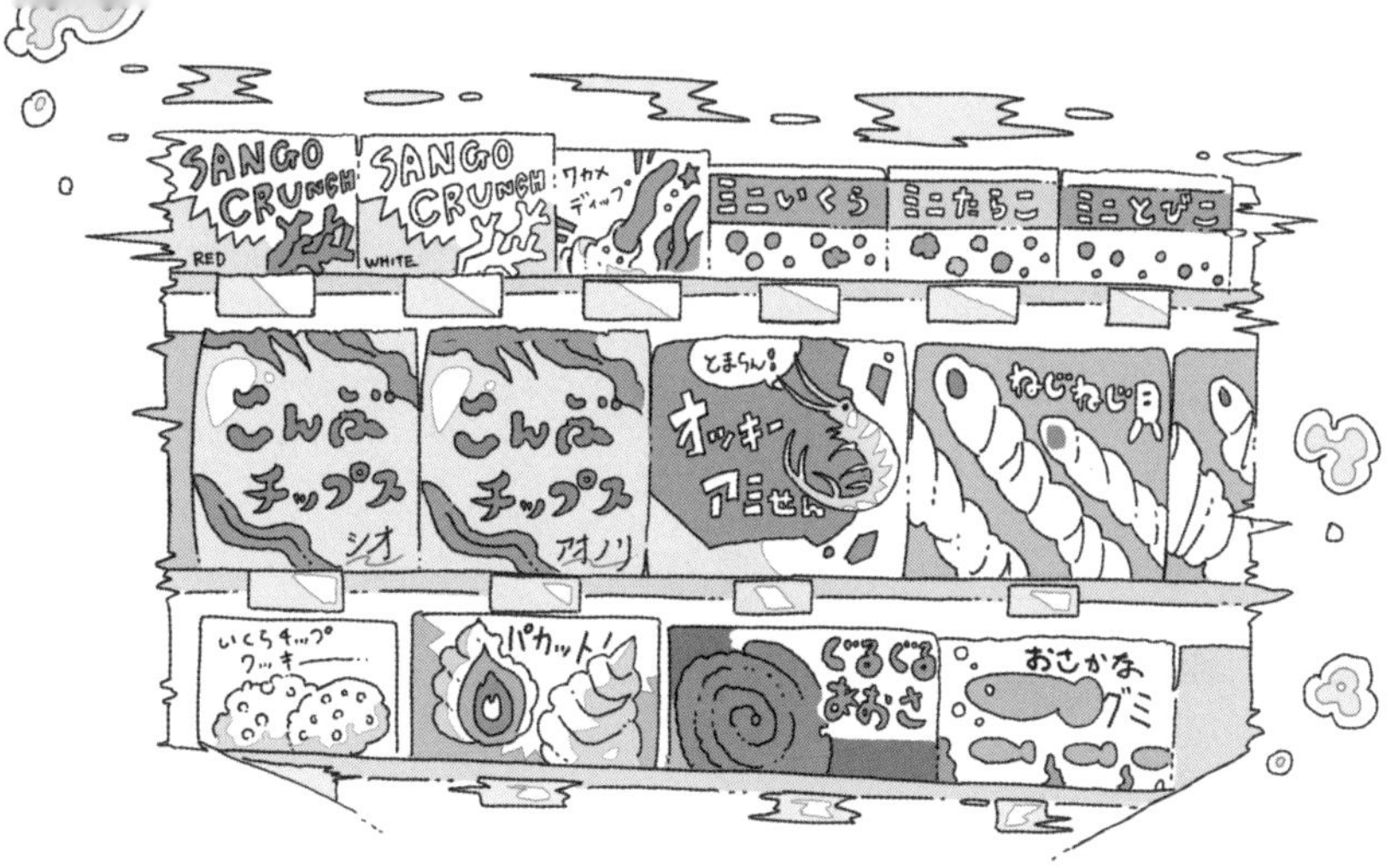


# ことばを決めるのが早すぎる

「わあーっ。なにこれ!」

プロジェクターだろうか。どこか遠くから光が投射され、たくさんのお菓子が映し出された。ほぼ実物大、コンビニのお菓子売り場の映像だ。まっ暗だったあたり一面が、急に明るく、カラフルなものになった。

「すごーっ。これ、コンビニのお菓子売り場だよね?」

「ああ。それでタコジローくん、このなかからひとつだけ、きょうのおやつを選ぶとしたらどれにする? 金額に関係なく、ひとつだけ選ぶとしたら」

「どれでもいいの?」

「ああ。しっかり考えてみて」

ざっと全体を眺めたぼくは、アオノリ味のこんぶチップスを選んだ。

「これ」

「なるほど。どうしてこのお菓子を選んだんだい？」

「うーん、好きだから。しょっちゅう食べてるし」

「ふむ。なるほどね」

　おじさんはあらためて棚を眺めながら言う。

「タコジローくん。このおおきな棚には、40種類以上のお菓子がある。スナック菓子、チョコレート、ビスケット、キャンディ、それからグミまで。タコジローくんはたぶん、ぜんぶ見ることをしないまま、なんとなく『いつものこんぶチップス』を選んだんじゃないかな？　べつに嫌いな味じゃないし、それで空腹は満たせるから」

「まあ、そうかも」

「それはほんとうに『選んだ』と言えるのかな？　それで『考えた』と言えるのかな？」

「考えたってほどじゃないけど、ぼく、このこんぶチップス好きだよ」

「好きか嫌いかの話はいったん横に置こう。おじさんが知りたいのは、タコジローくんが真剣に選んだのかどうか、だ」

「うーん。それで言ったら、そうだね。そこまで真剣に選んだってわけじゃないのかも。パッと目に入ったから選んだっていうか」

「じゃあ話を読書感想文に戻そう。感想文を書くときのタコジローくんも、あまり考えることをしないまま、なんとなく『いつものことば』や『よくあることば』を選んでるんじゃないかな？」

「……えっ？」

「たとえばタコジローくん、『泳げメロス』って読んだことあるかい？」

「あっ、国語の教科書で読んだよ。身代わりになってくれた友だちを助けるために何日も泳ぐ話だよね？　すっごい感動した」

「よし。だったら『泳げメロス』の感想文に『すごく感動しました』と書いたとする。べつに間違いじゃないし、嘘じゃないよね。タコジローくんは感動したんだから」

「うん」

「でもさ、『泳げメロス』を読んでいるときのタコジローくんは、『感動するなあ』と思っていたのかな？　むしろ感動なんてことばは、ひと言も出てこなかったんじゃないのかな？」

「どういうこと？」

「たとえば、こんな感じさ」

①ひどい王さまに腹が立った。

②自分の身代わりになってくれと親友に頼むメロスにおどろいた。

③ふたりの友情に胸が熱くなった。

④メロスのセリフを心のなかで叫んだ。

⑤降りかかる災難に頭をかきむしった。

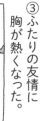

⑥残り時間にハラハラした。

⑦メロスと一緒に泳いでいるような気持ちになった。

⑧おかげでへとへとに疲れ果てた。

⑨親友が処刑《しょけい》される直前に間に合ったメロスによろこんだ。

⑩親友と抱き合うラストシーンに涙が止まらなかった。

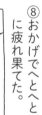

「……こんなふうに、とても『感動』なんてひと言ではくくりきれない、たくさんの感情が湧き起こったんじゃないかな？」

「……うん」

「なのに、いざ感想文を書こうとすると、『感動しました』とか『びっくりしました』とか『おもしろかったです』とかのよくあることばですませてしまう。パッと思いついただけの、なんにでも使える便利なことばで片づけている。消しゴムさえも、ほとんど使わずにね」

「……」

「それってさ、ちゃんと考えないまま棚のなかから『いつものこんぶチップス』を選ぶのと一緒だと思わない？」

「……似てる、かも」

「おじさんはべつにタコジローくんを責めてるわけじゃないんだよ。ただ、もうすこし時間をかけて、もうすこし真剣に探せば、もっと別のことばが見つかったはずだよね？自分の気持ちにぴったりフィットするようなことばが」

「見つかった……のかな？」

「もちろんさ。タコジローくんは、文章を書くのが苦手なわけじゃない。ただ、ことばを決めるのが早すぎる。手っ取り早く、便利なことばで片づけている。ことばを探す面倒くささに、屈《くっ》している。おかげで、自分の気持ちから離れた文章になっている。それだけのことさ」

映し出されていたお菓子売り場の映像が、ぷつりと消えた。

# どうして「ことばの暴力」が生まれるのか

「……でもさ、正直ぼく、作文が上手になりたいわけじゃないんだ。べつにコンクールで賞状をもらいたいとか、思ってないんだ。そりゃ、おじさんの言ってることはわかるけど、ぼくには関係なくない？」

「もちろんおじさんだって、作文を上手に書いてほしいわけじゃない。でも、ことばを決めるのが早すぎると、たくさんのトラブルを呼び込んでしまうんだ。これは書くことにかぎらず、日常生活のいろんな場面でね」

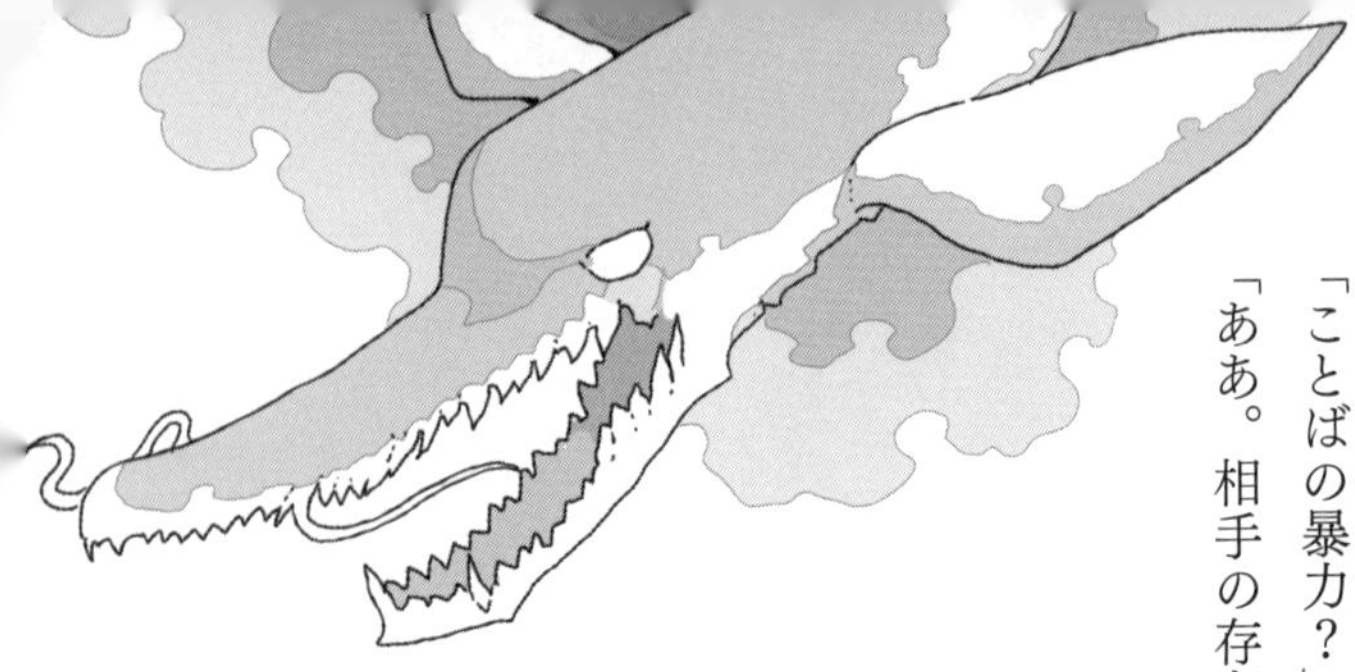

「トラブルって、どんな？」

「そうだな、たとえば『ことばの暴力』ってあるだろ？」

「ことばの暴力？」

「ああ。相手の存在、尊厳、自尊感情を根こそぎ否定するような、心をえぐり取るようなことばさ。ことばの暴力を受けたとき、ぼくたちは殴《なぐ》られるよりもずっと深い心の傷を負う。殴られた痛みはせいぜい数日も経《た》てば消えるけれど、ことばの暴力は一生引きずることもある」

「……うん」

中学に上がってからぼくは、たくさんのことばでいじめられた。「バカ」とか「アホ」とかは、いやだけどそこまで傷つかない。でも「ゆでダコ」はとてもいやだし、「キモイ」はもっといやだ。そしてトビオくんたちは、すぐに「キモイ」とか「ゆでダコ」とか、ぼくがいちばん傷つくことばを使ってくる。

「残念なことに、おとなたちもことばの暴力を使う。手で殴ることはしなくても、ことばの刃《やいば》でグサグサと刺《さ》してくる。じゃあ、どうしてことばの暴力が生まれるのか。おそらく理由はふたつある」

「なに？」

「ひとつ目の理由は、ことばの『効き目』を知っているからだ。きっとみんな、ことばに傷つけられた経験があるんだろうね。こんなふうに言えば、こんなふうに効くと知っている。そのことばを使えば、一発で黙らせることができると知っている。だから自分が傷ついたのと同じようなことばを使うし、大声で怒鳴ったりする」

「……うん」

「じゃあ、どうして一発で黙らせたいのか。それがふたつ目の理由、『面倒くさい』だ」

「面倒くさい？」

「そうだ。ことばの暴力ってさ、話し合いの場面で使われることがほとんどなんだよ。口論だって話し合いのひとつだしね。そして話し合いであれば、ほんとうは自分の思いをていねいに説明して、相手に納得してもらわないといけない」

「うん、そう思う」

「ところが、ていねいに説明するのが面倒くさい。論理的に説明す

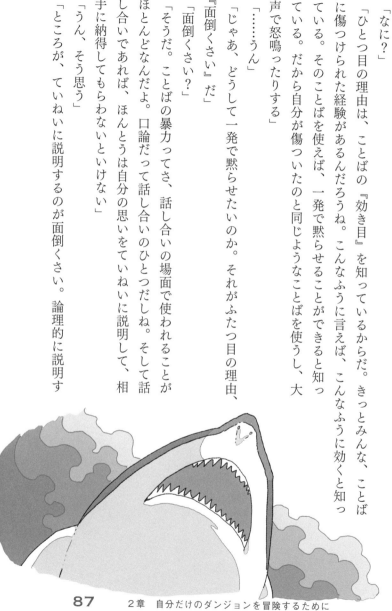

るのも面倒くさい。反論されたら面倒くさい。自分の気持ちをことばにすること自体、面倒くさい。そこに時間や手間をかけることも面倒くさい――。そういうさまざまな面倒くささにぶつかったとき、『暴力』という一発逆転の手段が浮かんでくる。暴力に訴《うった》えてしまえば、それだけで相手を屈服させることができるからね」

「いきなり殴っちゃうってこと？」

「おじさんが子どものころは、そういうおとなも多かった。でも、いまはことばの暴力が中心じゃないかな。手を出すような暴力も、ことばによる暴力も、大声で怒鳴って相手を黙らせるのも、彼らにとってはそれが『コスパがいい』やりかたなんだよ。ひどい話だけどね」

「コスパがいい？」

「ことばにして説明する手間《コスト》を省いているのさ。それに、自分の形勢が不利になったときだって、大声で怒鳴ってしまえばごまかしが効くしね」

「……なにそれ」

「もちろんひどい話だ。とくに、やられる側からすれば、とんでもない話だ。でもね、タコジローくんだって暴力を振るう側にまわる可能性はあるんだよ？　面倒くささに負けて、コスパのいい道を選んで。ほら、さっき『口が滑る』って話をしただろ？」

そうだ。ぼくはふたたび、お母さんに言ったひと言を思い出した。あれは口が滑っただけじゃない。あのときぼくは、なにもかもが面倒くさくなって、ことばにできない自分にむしゃくしゃして、あんなことを言ってしまったんだ。あれで終わりにさせようとしたんだ。

「だからこそおじさんは、日記を書いている。コスパなんて考えない。ていねいに、ことばを急ぎすぎず、何度でも消しゴムを入れて、じっくりと自分と対話する。そうするなかで、すこしずつ自分をことばにできるようになったし、自分のことがわかってきたような気がするんだ」

「……自分のことがわかるって、どういうこと？」

「ぼくたちが生きるうえでの最大の謎《なぞ》。最期の瞬間まで、ずっとついてまわる謎。それは『自分』だ。自分は何者なのか。心の奥底にいる自分は、なにを考え、なにを望んでいるのか。これから自分はどこへ行こうとしているのか――。もちろん、こういう疑問と向き合わない生きかたもありえる。日々の生活に流され、学校に流され、仕事に流され、それだけで終わる生きかたがあってもいい。ただおじさんは、自分のことを知りたかった。そしてほんのすこしだけ、わかってきたような気がするのさ。これを書いてきたおかげでね」

そう言っておじさんは、ノートに目を落とした。ノートのうえでは万年筆が、魔法《まほう》のようにすらすらとひとりでに文字を書いている。

「……ぼくだって日記くらい書いたことはあるよ？　でも、ぜんぜんたのしくなかったし、自分のことなんて、なんにもわからなかったよ？」

ぼくの反論に、おじさんはやさしく微笑んで言った。

「きっとそれは、日記じゃなかったのさ」

## 出来事ではなく「考えたこと」を書く

「ぼくのは日記じゃなかった⁉　読んだこともないのに、どうしてそんなこと言うの？」

「書いててたのしくなかったんだろ？　どうしてたのしくなかったのかな？」

「だって、なにを書いたらいいかわからないんだもん。毎日日記を書くくらいなら、作文のほうがぜんぜんラクだった」

「ラクっていうのは、作文のほうが書きやすいってこと？」

「うん。作文だったら毎回『運動会について書きましょう』とか『遠足について書きましょう』とか、お題が決まってるでしょ？　それに比べると日記って、なにを書いたらいいのかわからないし、けっきょく毎日同じ内容になっちゃうんだもん」

「それはどうして？」

「デパートに行ったとか、遊園地に行ったとか、そんなイベントがある日はいいけど、毎日お出かけしてるわけじゃないしさ。夏休みなんて、きのうもきょうも同じようなことしてるわけじゃん」

「なるほどな。じゃあ、おじさんの答えを言おう。……日記ってね、毎日の出来事を記録するものじゃないんだ。つまり、『その日になにがあったのか』を書いていくんじゃなくて、『その日になにを思ったのか』や『その日になにを考えたのか』を書いていくものなんだ。その目で振り返っていけば、きのうと同じ日なんてひとつもないはずだよ」

「その日になにを思ったのか？」

「そう。タコジローくんだって、毎日なにかを思ったり考えたりしてるだろ？」

「えーっ。そうでもないよ。案外ぼーっとしてるかも」

「たとえばタコジローくんはさっき、お菓子の棚からこんぶチップスを選んだよね」

「うん」

「それできょう、おうちでこんぶチップスを食べたとする。このときタコジローくんはどんなことを思うだろう？」

「おいしいと思う」

「ほかには？」

「うーん。喉が渇《かわ》くなとか、手が汚《よご》れていやだなとか」

「どうして手が汚れるといやなんだろう？」

「シェルフォンとか、マンガとか、ゲームのコントローラーとかが汚れちゃうから」

「そういうものは、きれいにしておきたいんだね？」

「うん。シェルフォンの画面が汚れてたり割れてたりするのは、すっごくいや」

「部屋が散らかっているのは？」

「それはいい。あんまり気になんない」

「じゃあ、どうしてシェルフォンの画面は気になっちゃうのかな。部屋が散らかるのと、なにが違うんだろう？」

「だって、部屋はただの部屋だもん。ぼくじゃないもん。シェルフォンはもっと自分に近いというか、自分の一

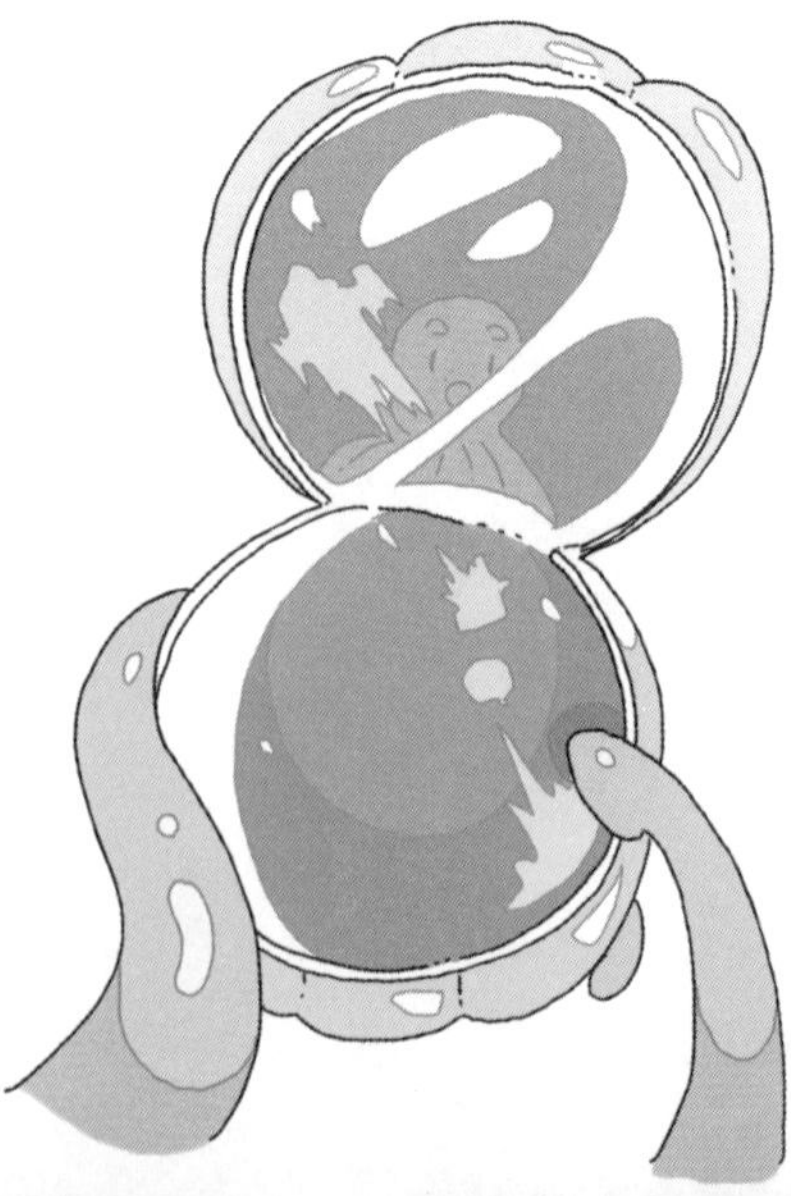

部っぽいっていうか……。シェルフォンが汚れてるのは、自分の顔が汚れてるようなものだよ」

「へーえ、なるほど。おもしろい意見だね。じゃあシェルフォン以外に、そう思えるものはあるかい？　自分の顔みたいに思えるものは」

「うーん、シェルフォン以外だと……部屋の鏡とか、あとは学校のかばんが汚れるのもちょっといやかなあ」

「かばんはタコジローくんの一部って感じなのかな？」

「いや、そうじゃないけど、相棒？　うん、ずっと一緒にいる相棒みたいな感じ」

「どんなところが相棒なのかな？」

「なんか、好きなキーホルダーをぶら下げたり、自分に必要なものがぜんぶ入ってたりするから。かばんをなくしたら、どうなっちゃうかわかんないよ」

「……というようにほら、『こんぶチップスを食べた』というちいさな出来事ひとつでも、自分に問いを投げかけていけば、考えはどんどん深まっていくだろ？　日記には、こういうことを書けばいいんだよ。これだったら、毎日いくらでも違う内容になると思わないかい？」

たしかに、こうしておじさんからの質問を受けてみると、話が思わぬ方向に進んでいく。ぼくが小学校の夏休みに書いていた日記とはぜんぜん違うし、こんなふうに書いていけたら、たのしいだろうなと思う。……けれど、ぼくには無理だ。ぼくひとりじゃ、こんなふうには書けない。

「……毎日は、無理だと思うな」

「どうして？」

「いまはおじさんの助けがあったから話が進んでいったけど、ぼくひとりだったらあんなふうには考えられないし、ひとりで書いてもつまんないもん」

「はっはっは。タコジローくん、それはぜんぜん違うよ」

おじさんは、ちいさく息をついて、つぶやいた。

「……さみしさの話をしたの、憶えているかな？」

## みんなと一緒にいると、自分ではいられなくなる

「うん。さみしさにはふたつの種類があるって」

「子どものさみしさと、おとなのさみしさだ。そしてタコジローくんは、おとなのさみしさを知りはじめたのかもしれない、とおじさんは言った」

「あれって、どういうこと？」

「まず、子どもたちが感じるさみしさは、ひと言でいえば『まわりにだれもいないこと』のさみしさだ」

「まわりにだれもいないこと？」

「そう。たとえばひとりでお留守番をしているとき。お父さんがいない、お母さんもいない。さみしいよね。あるいは遊園地やデパートで、迷子になってしまう。これもさみしい。怖くて、心細くて、泣きたくなってしまう。もちろんおとなだって、『ひとり』になるのはさみしいよ。ある意味当然の、さみしさだ」

たしかにぼくも、ちいさいころはお留守番が心細かった。テレビを見ていても、ゲームをしていても、背後にひんやりとした怖さを感じることがあった。お父さんやお母さんが

帰ってくると、それだけでうれしかった。

「一方、おとなになるとまた別のさみしさをおぼえるようになる。ひとりきりというわけじゃないのに、さみしいんだ」

「ひとりじゃないのに？」

「家族や友だちと一緒にいるのに、さみしい。だれかとおしゃべりしながらも、さみしい。友だちもいて、家族もいる。笑顔もあるし、たのしい時間もある。それでもやっぱりさみしいんだよ」

「友だちがいるのに？　どうして？」

「そこに『自分』がいないからさ」

「えっ？」

「さっき、広場のベンチに座るおとなたちを見ただろう？」

「うん……」

「彼《かれ》らはね、みんな『ひとりになりたい』と思ってこの公園にやってきたんだ」

「会社でいじめられたりしたの？」

「そこまではおじさんにもわからない。ただね、ひとりになりたいのは『みんなと一緒

にいると、自分ではいられなくなる』からなんだよ。会社とか、家族とか、タコジローくんで言えば学校だとか、そういう場所でずうっと『みんな』のなかにいると、なんでもない『自分』ではいられなくなるんだ」

「どうして？」

「それはタコジローくん自身のことを思い出してもらうといいんじゃないかな。たとえば学校にいるときのタコジローくんと、お父さんやお母さんと一緒にいるときのタコジローくんと、自分の部屋でひとりきりのタコジローくんと、同じタコジローくんなのにそれぞれ違う自分がいると思わないかい？」

ぼくは、ひとりの部屋で机のうえに足を投げ出した自分を思い出した。教室のなかでびくびくしている自分、お母さんの前でイライラしている自分を思い出した。

「おとなになるほどぼくたちは、たくさんの顔を使い分けて生きていく。べつに演技しているわけじゃない。ただ、そういうものなんだ」

「あのベンチにいた、おとなたちも？」

「ああ。会社での自分。仕事相手といるときの自分。親としての自分。夫としての自分、妻としての自分。いろいろだ。それでときどき、こうして公園にやってくる。『みんな』から離れて、ひとりの場所で、ひとりの時間をつくって、なんでもない自分を取り戻すわけだ。だれの目も気にしない自分をね。きっとタコジローくんがこの公園に来たのも、同じ理由だったんじゃないかな」

ぼくは、自分がひとりになりたかったかどうかはわからない。けれど、ひとりで公園の広場を眺めているとき、とても気持ちよかったことはたしかだ。だれの目も届かない場所で、すべてを忘れられる瞬間が、ぼくにもあった。

「じゃあぼくも、ときどきこの公園にやってきて、ひとりになればいいの？」

「もちろんそれもいい。気分転換《てんかん》になるかもしれないしね。ただ、おじさんの場合は『書くこと』によって、ひとりになっているよ」

「書くことで？」

「ああ。ノートを開けばそこに、自分だけの世界が待っているんだからね」

「自分だけの世界ってなに？　ただの日記じゃないの？」

「さあ、そろそろこの部屋の秘密を明かすことにしよう。ここはどこなのか。そしてあの扉はなんだったのか」

# 自分というダンジョンを冒険する

そう言うとおじさんは、万年筆とノートを手に取った。すごい速度でなにかを書いていた万年筆。そしておじさんが日記用だと言っていたノートだ。

「いいかい、タコジローくん。チャンスは1回だからね。しっかり目を見開いて、よーく見ておくんだよ」

まるでとっておきのマジックをはじめる手品師みたいに、おじさんがぼくの顔を覗き込む。

そして

**ドン――!!**

おじさんが両手でノートを閉じた。

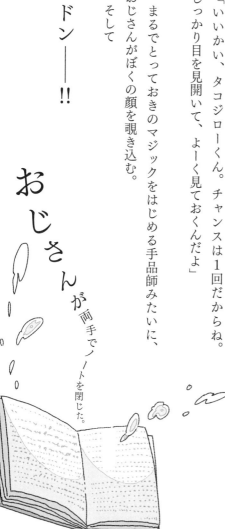

「……あれ？」

あたりが急に明るくなった。隣には、殻を背負ったおじさんが、いたずらっぽい表情で微笑んでいる。

「えっ？　えっ？　あれっ？」

なんてことだ、ぼくとおじさんは公園にいた。まっ暗だったおじさんの地下室から、公園の茂み近くに飛び出していた。

「え⁉　あれっ？　なに？　どうしたの？　どうなってるの⁉」

「はっはっは。さっきタコジローくんが開いた扉はね、これだったんだよ」

おじさんがあの古ぼけたノートを掲《かか》げる。

「言ったよね？　ぼくたちにとって最大の謎は『自分』だって。ぼくたちは自分という謎を解くために、日記の扉を開く。ペンを片手に、扉を開く。言わばペンは、秘密の扉を開く、鍵《かぎ》みたいなものさ」

「日記の扉？　……おじさん、なに言ってるの？」

「タコジローくんと一緒に入った地下室は、おじさんの頭のなかに広がる、心のダンジョンだったのさ」

「心のダンジョン⁉」

「そう。ぼくたちはみんな、ダンジョンみたいに複雑な心を持っている。心はたくさんの謎に満ちている。だからその謎を解きたい。ところが、おじさんのダンジョンを攻略《こうりゃく》できるのはおじさんだけだし、タコジローくんのダンジョンを攻略できるのは、タコジ

ローくんだけなんだ」

「えっ？　ちょっと、なんの話？」

「日記を書くのはね、自分という名のダンジョンを冒険することなんだ。終わることのない、日ごとに変わるダンジョンをね。それでもダンジョンを進んでいけば、すこしずつ謎が解けてくる。自分が何者なのか、わかってくる。きょうひとつの日記をつければ、1面クリア。あしたにまた日記をつければ、また1面クリア。そんなふうにして、どんどん自分の奥深くを探検していくんだ。——どうだろう。ちょっと、おもしろそうだと思わないかい？」

「え？　じゃあ、さっきぼくはおじさんの日記のなかにいたの？」

「そういうこと。タコジローくんを横に置いて、おじさんは日記を書いていた。タコジローくんと意識をシンクロさせながらね。だから、本物の階段を降りたわけじゃないし、一緒に開いた扉も、このノートの表紙だ」

　頭がくらくらしてくる。もう、なにがなんだかわからなかった。

「タコジローくん。日記を書こうなんて、思わなくていい。毎日の記録なんて、つけなくていい。でも、秘密のノートを片手に、毎晩自分のダンジョンを冒険してみるのはおもしろいよ。自分の謎が解けていくし、きっと自分が好きになれるし」

「自分のことを、好きに⁉」

「ああ。それについてはまた今度、ゆっくり話そう。ちょっと訳あっておじさんは、ここに長居できないんだ」

おじさんのまわりをコトバクラゲがくるくる泳ぎまわっている。それはなにかを警告するような、早く帰ろうと促すような、そんな動きだった。

「まあ、おじさんはこの公園のどこかにいるはずだから、いつでもあそびに来るといいさ。きょうはたくさんの話ができてたのしかった。どうもありがとう」

「……うん」

「あしたの学校はどうするつもりだい？」

「とりあえず今晩、お父さんとお母さんに話してみる」

「そうだね、それがいいだろう。きっとお父さんもお母さんも、タコジローくんの気持ちをわかってくれるんじゃないかな」

最初におじさんが言っていた「話せばスッキリする」は、どうやらほんとうみたいだ。ひどく混乱してはいたものの、たっぷり話し合ったおかげで、ぼくの心はずいぶん晴々としていた。この調子ならお父さんとお母さんにも、正直なところを話せそうな気がする。

「じゃあ、気をつけて帰るんだよ。そしてダンジョンの冒険、忘れずに」

ぼくはおじさんに手を振り、広場の真ん中を通ってバス停をめざした。

向かいのベンチには、まだぽつりぽつりとおとなたちが座っている。シェルフォンを触《さわ》っているおとなもいれば、ぼうっと宙を見つめているおとなもいる。ひとりの場所で、ひとりの時間をつくって、なんでもない自分を取り戻している。おとなたちの気持ちがちょっとだけわかったようで、どこかうれしかった。

そして公園の入口が見えてきたところで、ひとつの看板が目に入った。

「不審者注意!!」

看板には、白い殻を背負ったヤドカリの絵とともに「白い殻のヤドカリが、子どもたちに声をかけ、連れ去ろうとする事案が多発しています。お心当たりの方は警察までご連絡ください」と書かれていた。

「訳あっておじさんは、ここに長居できないんだ」

おじさんのことばが、耳にこだました。もしかして、これっておじさん？　おじさんは何者なの？　ぼくはおじさんを信じてもいいの？　ばくばくと脈打つ心臓を抱えたまま、ぼくはバスに乗り込んだ。

タコジローの日記

# 9月5日（火）

きょう、学校を休んだ。いつものバスで学校の前まで行ったのに、バスを降りれなかった。

そして公園で、へんなヤドカリのおじさんに会った。しげがきたのでおじさんの殻のなかに入れてもらうと、そこはものすごく広い部屋だった。おじさんはふしぎなものをたくさん見せて、ふしぎな話をたくさんして、日記を書くように、と言っていた。けれど、公園の入口には指名手配みたいな看板が立てられていた。あのおじさんは、なにか悪いことをした犯人なのかもしれなかった。

家に戻ったとき、まだお母さんは帰っていなかった。シェルフォンに着信もメッセージも入ってなかったので、学校を休んだことはバレていないみたいだった。

お母さんが帰ったのは、夜の7時すぎだった。ぼくはソファで眠っていた。

「ほらー。こんな時間に寝てたら夜眠れなくなっちゃうでしょ」

お母さんはいつもと変わらない感じで、寝ている横を通りすぎた。やっぱりバレていないんだな、と思った。

お父さんの帰りは、夜の10時すぎだった。

ぼくは、自分の部屋でシェルフォンをいじっていた。耳をすますとリビングから、ふたりの声が聞こえてきた。ぼくのことではなく、仕事とか出張とかの話をしてるみたいだった。そっと扉を開けて「おかえり」と声をかけるとお父さんは、「おう、ただいま」と横目でぼくのほうを見て、そのままお母さんとの話に戻った。

学校を休んだこと、そして悪いことをした犯人かもしれないヤドカリのおじさんと会ったことを、どうやって切り出そうかと考えた。でも、急にこわくなってやめた。聞こえるか聞こえないかの声でおやすみを言って、リビングを出ていった。

部屋に戻って、おじさんのことを思い出した。

海よりも広い部屋。コトバミマンの泡。それを集めるコトバクラゲ。城壁みたいな本棚。おじさんのダンジョン。そこに迷い込んだ自分。どれひとつとして、現実のこととは思えなかった。たぶん、お父さんやお母さんに話しても信じてくれない。

おじさんによると、「だれにも言えないこと」は、自分に相談すればいいのだそうだ。書けば頭が整理されるし、ダンジョンが1面クリアできるのだそうだ。

公園の帰り、ぼくはコンビニでノートを買った。

でもここまで書いてみて、ちっともぐるぐるが晴れた気はしない。ダンジョンを冒険してる感覚なんて、どこにもない。もういやだ。ばかばかしい。おじさんの言ってたことがウソなのか、ぼくの書くのが下手すぎるのか、どちらかだ。あしたもう一度、おじさんに会って確かめよう。

章

# 日記にも
# がいる

# 3 きみの読者

# 書こうとすると、書けなくなる

「……それから自分の部屋に戻って、どうしたんだい？」

隣を歩くヤドカリおじさんが、おおきな目でこちらを覗き込む。ぼくらはふたり、朝の公園を横切っていた。おじさんの誘いで、公園を通り抜けた先にあるシロサンゴの森に向かうことにしたのだ。

この朝ぼくは、学校に休みの連絡を入れていた。お母さんにお腹が痛いから休みたいと説明して、学校に電話してもらった。

「きょうは帰りが遅《おそ》くなると思うけど、だいじょうぶ？」

去年の春ごろからお母さんは、話題を選ぶようになった。

勉強の話はする。塾の話もする。けれど、学校だとか友だちだとかの話題は上手に避ける。理由はわかりきっていた。去年の春、部屋に置き忘れた音楽の教科書を見られたからだ。ぼくによく似たタコの絵が落書きされた、くしゃくしゃの教科書を。赤いペン

で描かれたタコは、「いじめないでよー」と墨を吐きながら泣いていた。お母さんはなにも見ていないふりをしていたけれど、その日からあきらかに態度が変わった。学校も、言えば休ませてくれるようになった。

「じゃあ、部屋でゆっくりしててね。ゲーム、してもいいけど1時間まで。お腹痛くて休んでるんだから」

リビングでお母さんを見送ると、自分の部屋に戻って出かける準備をした。すこしだけ迷ったあと、きのうの日記と防犯ブザーを、かばんに押し込んだ。

朝の9時過ぎ、公園に着くと広場のそばにおじさんの白い貝殻が見えた。岩のようにゴツゴツとした、なんの変哲《へんてつ》もない貝殻。それでもこのなかには、海よりも広い空間が広がっている。城壁みたいな本棚が並んで、コトバクラゲたちが泳いだりしている。「おじさん、タコジローだよ」。あらためて不思議に思いながら貝殻をノックしていると、背後から「おはよう」と低い声がした。

振り返ると、ピンク色の貝殻を背負ったおじさんが、得意気に笑っていた。

「えっ？　その貝殻は？」

「なに、今朝散歩していたらちょうどいいおおきさの貝殻を見つけたもんでね。前の家も古くなってきたし、ちょいと引越《ひっこ》したのさ」

やっぱりあの看板のヤドカリは、おじさんだったのかもしれない。あらためて、そう思った。殻を変えることで、警察とかから逃げようとしてるんだ。だとしたらピンクだなんて、余計に目立つだろう。おじさんは、意外とまぬけなのかもしれない。

「でも……なんだかちょっと派手なおうちだね」

「似合うだろ？　たまにはこれくらい元気な色もいいと思ってね」

そうしておじさんは、きょうはシロサンゴの森に行こうと言ってきた。

「どうして？　ぼく、おじさんの部屋がいいよ」

「いやいや。まだ引越したばかりで、部屋の片づけもできてないからさ」

「だったら公園のどこかで話そうよ」

「うーん。この公園で話してもつまらないだろ？　それにあそこだったら、だれにも見つからないしね」

だれにも見つからない。それが、学校をズル休みしたぼくのためなのか、おじさん自身のためなのかは、よくわからなかった。

「……それから自分の部屋に戻って、どうしたんだい？」

「日記を書くことにしたよ」

つとめて当たり前のように、ぼくは答えた。

「書いてみて、どうだった？」

「むずかしかった。きのうおじさんと話してたときには、もっと簡単に書ける気がしたんだけどな」

「むずかしく感じた理由は考えてみたかい？」

「なんていうか、最初の1行から手が止まっちゃうんだよね。なにをどう書いたらいいかわからないっていうか」

まじめな話、ぼくは本気で日記を書こうとした。おじさんに言われたからじゃない。ダンジョンを、冒険してみたかった。自分との対話を、体験してみたかった。机に向かうのが、たのしみだった。なのにやっぱり、うまく書けなかった。いざペンを握って書こうとすると、手が止まる。すこし書いただけで、もう書くことがなくなる。書いてる途中《とちゅう》で飽《あ》きてくる。けっきょく、いままでとなにも変わらない、夏休みの日記みたいなものしか書けなかった。

「じゃあ、あんまりたのしめなかったんだね」

「たのしくなかったし、くやしい」

「くやしい？」

「だってさ、きっとおじさんに言わせると、ぼくが書けなかったのも『考え』が足りないからなんでしょ？　そこが納得いかないっていうか、なんかバカにされてるみたいな気がする。ぼくだってぼくなりに考えてるのに」

「いや、タコジローくんはちゃんと考えていたと思うよ」

「じゃあ、どうしてうまく書けなかったのさ。そりゃあ、ぼくが文章下手だからって言われたらそれまでだけど」

「きっとタコジローくんは、文章を『書こう』としていたんじゃないかな？」

「そりゃそうだよ」

「文章ってね、書こうとすると書けなくなっちゃうんだよ」

## 自分の気持ちをスケッチすると

「書こうとすると、書けなくなる？」

「ああ。そこが文章のむずかしいところなんだ。タコジローくんはきのう、日記を書こうとした。きのう1日の出来事を振り返りつつ、自分の正直な気持ちを書きとめようとした。そうだね？」

「うん」

「でもうまくいかない。書こうとしても、手が止まってしまう」

「そう、手が止まるどころか、頭もからだも固まっちゃうんだ」

「だったら、こんなふうに考えてみよう。たとえばタコジローくん、学校でスケッチブックを渡されて『自分の気持ちを絵にして描きなさい』と言われたらどうする？」

「自分の気持ちを絵に？」

一瞬ぼくは考えた。

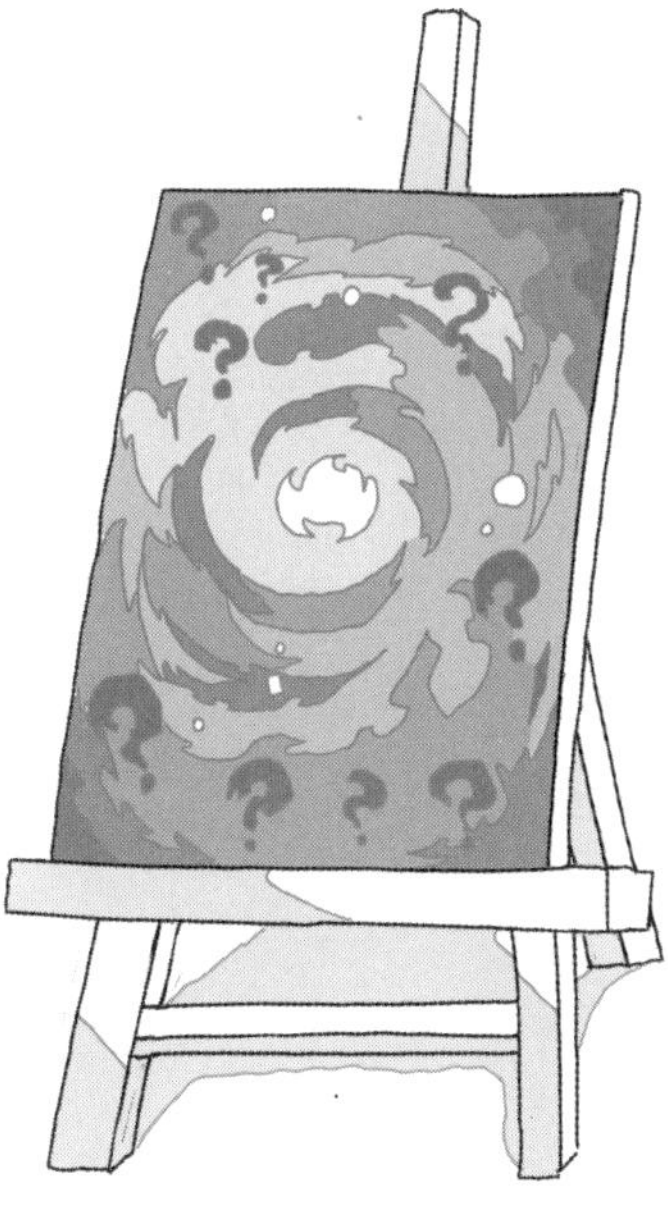

……まともな絵になりそうな気がしない。

「無理むり！　そんなの、なにを描けばいいのかわからないもん」

「じゃあ、シロサンゴの森を見せられて『この風景を描きなさい』だったら？」

「そっちはだいじょうぶ。描くものが目の前にあるんだからね」

「文章だって一緒さ。いきなり自分の気持ちを書こうとしたところで、なにを書けばいいのかわからない。せいぜい『もういやだ』とか『やめたい』とか、叫び声みたいなことばしか出てこない」

「そう！」

思わず笑ってしまった。だってほんとに「もういやだ」と書いたのだ。

「きのうもそんなことばしか浮かんでこなくて、ほんと苦労したんだから」

「一方、『自分の気持ち』をスケッチすることだったらできるのかもしれない」

「スケッチする？　自分の気持ちを？」

「ああ。ゼロから書こうとしないで、まずは自分の気持ちをじっくり観察する。風景を描くとき、そうするようにね。そして見たままをスケッチしていくんだ」

「……はあ？　気持ちなんて、目に見えるわけないじゃん」

「まあ、ふつうに考えたらそうかもしれない。でもぼくたちの気持ちには、スケッチできる気持ちと、スケッチできない気持ちの両方があるんだ」

ほどなくぼくらは、シロサンゴの森にたどり着いた。静寂《せいじゃく》に包まれた、シロサンゴの森。この森には神さまが住んでいると言われていて、どこの家にもだいたいシロサンゴの枝がお守りのように飾ってある。うちのおばあちゃんなんて、シロサンゴの森に足を向けて寝るだけで怒っていたくらいだ。

「うん、きれいな森だな」

おじさんはためらう様子もなく、ずかずかと森のなかへ進んでいった。

「ちょ、ちょっと待ってよ！」

「自分の気持ちを文章にする。つまり、自分の気持ちをスケッチする。このとき大切なのは、『いまの気持ち』をスケッチしないことだ」

「えっ？」

おじさんの罰当《ばちあ》たりな態度と、まじめに語られることばのバランスがぐちゃぐちゃで、うまく頭に入ってこない。

「きっとタコジローくんは、『いまの気持ち』を書こうとしたんじゃないかな？　『いまの自分』で頭がいっぱいになって」

いのか？」

「いやいや、だって日記とか読書感想文とかって、そのときの気持ちを書くものじゃないの？」

「落ちついて考えてごらん。1日の終わりに、日記を書こうと机に向かう。ノートを開いてペンを持つ。さあ、このときタコジローくんはどんなことを考えている？」

「えっと。『なにを書こうかな』とか、『どこから書こうかな』とか」

「そうだ。それが正直な『いまの気持ち』だ。でもそれは、日記や作文、読書感想文で書くような話じゃない。それどころか、いまの気持ちを正直に書いたら『面倒くさいな』とか『書きたくないな』になるかもしれないだろ？」

「うわっ。学校の作文なんかは、ほんとそれ」

「ちょっと理屈っぽい話をするとね、『いま』という瞬間は時計の針のように、どんどん更新《こうしん》されていくものなんだ。つまり『いまの気持ち』もまた、毎秒のように更新されていく。とても追いかけきれるものじゃないし、ほんとうの『いまの気持ち』なんて書ききれやしないんだ」

「じゃあ、なにを書けばいいのさ」

「更新されることのない、『あのときの気持ち』だよ」

「あのときの気持ち？」

「そう。たとえば今朝乗ったバスを思い出して、そのときどんな気持ちだったかを思い出す。バスに乗っている自分をじっくり観察して、ことばの鉛筆《えんぴつ》をとる。いまのタコジローくんが『あのときのタコジローくん』をスケッチするのさ」

「いまのぼくが、あのときのぼくを……？」

「まるで別のだれかを観察するようにね。泣いたり笑ったりおしゃべりしたりしていた『あのときの自分』を、ある程度の時間を経た『いまの自分』が淡々《たんたん》と描写《びょうしゃ》していく。そうすれば手が止まるようなこともないはずだよ」

# 全体よりも細部を見つめる

別のだれかを観察するつもりで、「あのときの自分」に目を凝らす。

言われてみると、きのうのぼくはペンを持ったまま「どう書けばいいんだろう」ばかりを考えていた。わかんない、わかんない、と頭を抱えていた。それでけっきょく、自分の気持ちからずいぶん離れた日記になった。おじさんに言わせれば、「いまの自分」で頭がいっぱいだったのだ。

「じゃあ、おじさんが言ってた『自分との対話』ってやつは、『あのときの自分』と対話するってことなの？」

「そうだ。あのとき、自分はどこにいて、なにを見ていたのか。どんなことを感じて、なにを思っていたのか。書いては消し、消しては書き、ペンと消しゴムの両方を使って、『あのときの自分』と対話していく。より正確に、スケッチしていく。そうやってダンジョンの奥深くへと進んでいくんだ」

「でも、スケッチとか対話とか、たとえ話ばかりじゃよくわかんないよ。実際にはなにをすればいいのさ？」

　おじさんは立ち止まると、ぼくのほうに向きなおった。

「たとえばタコジローくんが『きのうの晩ごはんのときの自分』を思い出すとしよう。思い出すというよりも『そこにいた自分』を見る感覚だ。映像として思い浮かべてね。どうだい、思い浮かぶかな？」


**きのうの晩ごはんは、お母さんとふたりだった。**

**メニューはかまぼこヌードル。**

**でも、自分がどんなふうに食べていたかは、よくわからない。**


「うーん。自分の姿を思い出すってのはむずかしいかも」

「じゃあ、晩ごはんのときにタコジローくんが見ていたものを思い出してごらん」

お母さんは、背筋を伸ばして食べていた。
お母さんのヌードルは、ぼくのものよりだいぶ少なかった。
ぼくのヌードルは大盛りで、
かまぼこもわかめもたくさん入っていた。

「……テーブルのうえにはなにが置いてあった？」

テーブルのうえには、進路調査のプリントが置かれたままだった。
第一志望から第三志望まで、まだなにも書き込まれていない。
お父さんが帰ってきたら進路の話になるのかな、と思った。

「……なにか音は聞こえるかい？　だれかとなにか、しゃべったかい？」

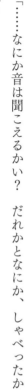

お母さんとふたりでいるとき、ぼくたちは見るわけでもないのにテレビをつけている。テレビの音が、間を埋めてくれる。お母さんは職場でかぜが流行《はや》っていると言っていた。「学校やバスで伝染《うつ》されたりしないように気をつけてね」。お母さんのことばにたぶん、ぼくはまともな返事をしていない。

「お父さんにも気をつけてもらわないとね。また来週出張らしいから」と、お母さんは自分の食器を片づけた。

先に食べ終えていたぼくは、テレビのオーディション番組を見ていた。小学生くらいのネコザメの子が、知らない歌を歌っていた。お母さんがふんふん鼻歌を歌っていたから、たぶんむかしの歌なんだろうと思った。

「なんか……不思議。いろいろ思い出してきた」

「食卓《しょくたく》でのタコジローくんは、どんな気分だった?」

「……なんていうか、ちょっと不機嫌《ふきげん》だった。イライラしてた気がする」

「そうかそうか。記憶《きおく》があいまいなときにはね、いきなり『全体』を思い出そうとしないほうがいい。まずはこんなふうに限定されたシチュエーションを、細かく思い出すんだ。そうすると前後の記憶もよみがえってきたりするからさ」

# 「あのときの自分」に質問してみる

「ふうん。記憶って、おもしろいな」

「じゃあ、せっかく『あのときの自分』を思い出したんだ。ここから『あのときのタコジローくん』にインタビューしていこう」

「インタビュー？」

「そうさ。いまの自分が『あのときの自分』にインタビューする。つまり、質問をぶつけて、それに答えてもらう。いい質問ができれば、いい答えも返ってくるはずだ。たとえばタコジローくんはきのう、イライラしていたんだよね？」

「うん」

「その自分に対して

**『どうしてイライラしているの？』**

と質問してみる」

「いや、質問するって言っても……」

「もちろん返事は返ってこない。そこでたとえば、

**『お母さんがなにか言った？』**

と続ける。この質問ひとつで、お母さんと交わした会話がたくさん思い出されるはずだよ。……実際、お母さんはなにか気に障《さわ》るようなことを言ったのかな？」

「ううん、なんにも。むしろ気を遣《つか》ってくれてた感じ」

「じゃあ、

**『お母さんとは関係ない？　別のことでイライラしてるの？』**

と聞いてみる。これはどうだい？」

「うーん、微妙《びみょう》。ただ、お母さんにイライラして、そのあと自分にイライラしていった感じかも」

「だったら

**『お母さんのどこにイライラしたの？　だって、なにか言われたわけじゃないんで**

**しょ？』**

と聞いてみる。そうするとお母さんのちょっとしたしぐさとか、なんとなくの態度とかが思い出される。どうだろう？」

「うん。態度なのかな、気になったのは」

「それじゃあ、もうすこしだけ掘《ほ》り下げよう。

**『お母さんはどんな態度だったの？』**

と聞く。あるいは

**『そのとき、どんな表情だったの？』**

と聞いてみる。どうだい？　なにか心当たりは浮かんできたかい？」

「……たぶん、なにもしなかったことにイライラしてたんだと思う。学校のことも、進路のことも、自分からはなにも言い出さないで、ぼくを傷つけないよう気を遣いすぎて、腫《は》れものに触るようにしているところが」

「なるほど。ちょっとぎこちない関係になっているんだね」

「うん。べつにお母さんが悪いわけじゃないんだけどさ。それはわかってるんだけどさ」

「でも、こうやって自分にインタビューを重ねていけば、すこしずつ答えに近づいていくだろ？　イライラしていたことの答えに」

「……これって、答えなのかな？」

「どうして？」

「だってぼく、なんとなくイライラしてただけだよ？　そういうことって、おじさんもあるでしょ？　どうして『なんとなく』のままじゃダメなの？」

「なにも解決しないからだよ。なんとなく、イライラする。なんとなく、不安になる。なんとなく、嫌いになる。そうやって、自分の感情を『なんとなく』で片づけていても、なにも解決しない。コトバミマンの泡は残り、膨《ふく》らんでいく一方だ」

「でも、感情に答えなんかあるの？　答えなんか見つかるの？」

「出すんだよ」

　おじさんは、かなりはっきりした口調で言った。

「答えは、見つけるものじゃない。出すものだ。いまの自分が『あのときの自分』の感情に、答えを出す。あのときの自分はこうだったはずだと、答えを決める。そうやって決めないことには、なにひとつ書けないんだ」

# 考えないのって、そんなに悪いこと？

「……おじさんって、つよいんだね」

あきらめたように、ぼくは言った。

「つよいって、なにが？」

「おじさんはそうやって答えを出していくの、怖くない？　ぼくはちょっと怖いな」

「どんなふうに怖いんだい？」

「たとえば進路を選ぶのも、みんな第一志望はここ、第二志望はここ、って感じで決めてるんだよね。でも、ぼくはまだ決めたくないんだ」

「決めたくない理由は、自分でわかってる？」

「だって、第一志望とか第二志望とかを決めちゃったら、もう後戻りできないでしょ？　ほんとうに受験がはじまっちゃうっていうか、あとは合格と不合格だけになるっていうか……」

「タコジローくん。答えを出さない、答えを決めない。そうしているうちは、ずっと『可

能性』が残る。こっちにも行けるかもしれない、あっちに行くこともできそうだ、という可能性がね。そういう可能性を手元に残しておきたい気持ちは、おじさんにもよくわかるよ」

「……うん」

「でもね、可能性のなかに生きているかぎり、ぼくたちはものごとを真剣に考えなくなるんだ」

「どうして？　ぼくは真剣だよ。真剣だからこそ、まだ決めたくないんだよ」

「たしかにタコジローくんの思いは真剣だろう。だけどその思いを『考え』にまで高めたいんだ。ほら、言ったじゃないか。『考えることは、答えを出そうとすること』だって。答えを出そうとしないまま保留しているのは、なにも考えないのと一緒なんだよ」

「……なんだよ、もう！　考えろ、考えろ、考えろって!!　おじさんはどうしてそんなに考えさせようとするの？　考えないのって、そんなに悪いことなの？　べつにいいじゃん、考えなくたって!!」

「いいとか悪いとかじゃない。考えないのは、危険なんだ」

おじさんは、低い、落ち着いた声で言った。

「ぼくたちの頭には、たくさんの思いがぐるぐると渦巻いている。『コトバミマンの泡』がたまって、頭のなかが濁っていく。この濁りは、どうにかして取り除きたい。そういう話だったよね？」

「うん」

「そういうとき、考える習慣を持たなかったら、どうなると思う？」

「……わかんない」

「だれかが用意してくれた『わかりやすい答え』に飛びつくんだよ」

「わかりやすい答え？」

「そう。いかにも自分の悩みを解決してくれそうな、都合のいい答えさ」

「それがどうして危険なのさ！　いいじゃん、わかりやすいほうが」

「たしかにわかりやすい答えがあれば、納得する。頭の濁りも、解消したつもりになれる。でも、そうやって飛びついた答えがニセモノだったらどうする？　しかも答えの裏に、タコジローくんをだまそうとする悪いやつがいるとしたら？　自分で考える力を持たなかったら、その嘘も見抜けなくなるんだよ？」

「……簡単にだまされちゃうってこと？」

「ああ。おじさんだってそうだ。もしかしたらおじさんは、タコジローくん

をだまそうとしているのかもしれない。これまで話してきたことは、ぜんぶ嘘だったのかもしれない。日記なんて、書いたことさえないのかもしれない。なにか悪いことをたくらむ、とんだ大悪党なのかもしれない。……そうだろ？」

公園の入口に立てかけられた看板を思い出す。そういえばぼくは、おじさんの名前を知らない。職業も知らない。どうして朝から仕事もせずにこんなところにいるのか、どうしてぼくなんかを構ってくれるのか、どうしてシロサンゴの森に誘ったのか、なにも知らない。かばんのなかに押し込んだ防犯ブザーが、意識をかすめる。

「……おじさんは、ぼくをだまそうとしてるの？　ぼくに嘘をついてるの？」

「もちろんだましてなんかいないさ。嘘もついていない。ただ——」

ひとつため息をついて、おじさんは言った。

「仮におじさんが大悪党だったとしても、タコジローくんの目を見て同じことを言うだろうね。『だましてなんかいないよ』ってさ」

「そんな……」

「意地悪するような言いかたになってごめんよ。でも、自分で考える習慣を持たないまま生きるのは、それくらい危険なんだ」

「自分で考える習慣って……？」

「つまり、書く習慣だ」

## おしゃべりの9割は「返事」でできている

そのとき、不意にかばんのシェルフォンが揺《ゆ》れはじめた。いや、ずっと前から着信していたのを、いまようやく気づいただけかもしれない。

「でもさ、でもさ、そう言うけどさ」

ぼくは興奮ぎみに反論した。

「ぼくたちみんな、書く習慣くらい持ってるよ？　ものすごい量を書いてるよ？　だけど、そんなに深く考えてないよ？　シェルフォンのアプリでやりとりするときなんて、

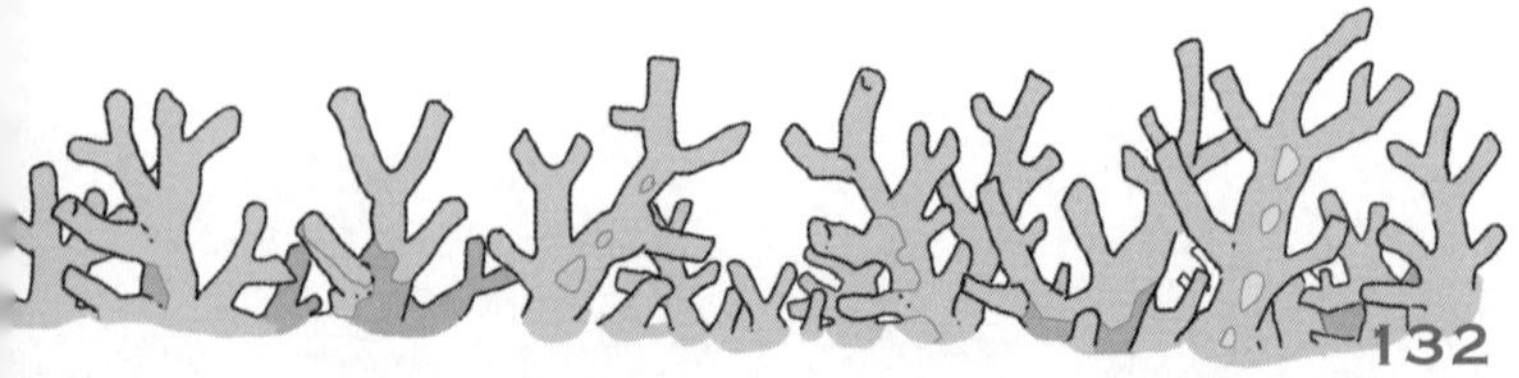

みんなすっごい勢いで返信してるもん。グループチャットとか、あっという間に１００件くらい未読がたまったりするんだもん」

「へええ。それはすごいね」

「すごいなんてもんじゃないよ、ほら」

そう言って、ぼくはかばんからシェルフォンを取り出した。

「またグループチャットだ。ほら、２０６件も未読がたまってる」

チャット画面を開くと、トビオくんたちがぼくの知らない話題で盛り上がっていた。スタンプも、どんどん押されていく。

「たしかにシェルフォンで交わされていることばと、おじさんの言ってきた文章は種類が違うね」

「どう違うの？」

「シェルフォンで交わされることばはね、基本的に『おしゃべり』のことばなんだよ」

「おしゃべりのことば？」

「ああ。あの、コトバクラゲが運んでいた、泡と消えゆくことばさ」

「どうして？　おじさん、チャットってわかってる？　電話してるんじゃないよ？　テキストを書いているんだよ？」

「たとえばタコジローくんが、友だちに『あしたもよろしくね』とメッセージを送る。友だちがそれを読んで、既読《きどく》マークが表示される。それでタコジローくんは、このまま終わってだいじょうぶかな？」

「え？　既読スルーされてるってこと？　それはいやだよ。『ＯＫ』のスタンプひとつでもいいから、なにか返信してくれないと」

「どうしていやなんだろう？　だって、タコジローくんの言いたかった『あしたもよろしくね』は伝わったんだよ？　読んだ証拠にちゃんと既読がついたんだよ？　だったらそれで十分じゃないか」

「そんなこと言ったって、相手がどう思ってるのかわからないし、怒らせたりしてないか不安になるし、無視されてるみたいで気分も悪いし……」

「じゃあ、日記や作文、読書感想文はどうだろう？　たとえば卒業文集に作文を寄せる。これも、クラスのみんなから感想を聞かないと不安になるかな？　既読スルーするな、返事をよこせ、って思うかな？」

「それはないよ。……感想を言い合うようなものじゃないし」

「きっとそうだよね。なのにシェルフォンのメッセージでは、既読スルーされたと感じてしまう。返事をよこせと思ってしまう。それはタコジロー

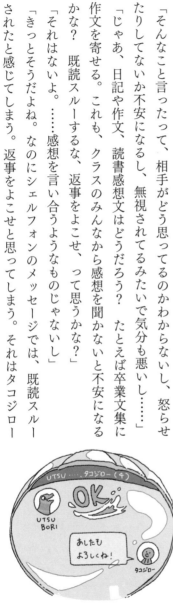

くんが『返事をもらえる前提』で、メッセージを書いているからなんだ」

「まあ……うん。それはそうなのかも」

「さて、おもしろいのはここからだよ。たとえばいま、タコジローくんはおじさんとおしゃべりしてるよね？」

「うん」

「ここでもぼくたちは、返事をもらえる前提でしゃべっている。相手がなんの返事もしないなんて、ありえないと思っている」

「うん、そう思ってる」

「なぜおしゃべりは返事をもらえる前提なのか。じつは、おしゃべりって9割が『返事』でできているんだ」

「返事が9割⁉」

「たとえばタコジローくんが、『きのう、財布《さいふ》を落としちゃったんだ』と言ってくる。おじさんが『それは困ったね』と返す。タコジローくんが『困ったなんてもんじゃないよ、お小遣いがぜんぶ入ってたんだもん』と返事をする。おじさんが『どこで落としたか、心当たりはあるの？』と返す。――ほら、返事じゃないのは最初のひと言だけ。あとはぜんぶが返事でできてるだろ？」

「相手に質問するのも、返事なの？」

「もちろんさ。相手の発言を受けて、あるいは話の流れを踏まえたうえで、その質問をしているんだからね」

「じゃあ、こうやってしゃべっていることばも、ぜんぶ返事？」

「そういうこと。逆に、おしゃべりのなかから返事の要素が減っていくと、その会話はギクシャクしたものになる。ときにはギスギスした雰囲気《ふんいき》になっていく」

「うーん。返事してるつもりなんてぜんぜんないけどな」

「つまり、こういうことさ。シェルフォンで交わされるメッセージは、『返事をもらえる前提』で書かれている。だから既読スルーが気になる。言い換《か》えるならこれは、おしゃべりのことばだ。そして、おしゃべりのことばをどれだけ重ねても、考える習慣にはつながらない。それがおじさんの結論だ」

「どうして？　ぼく、おじさんとしゃべりながら、たくさん考えてるよ？」

## ひとりの時間に「返事じゃないことば」を

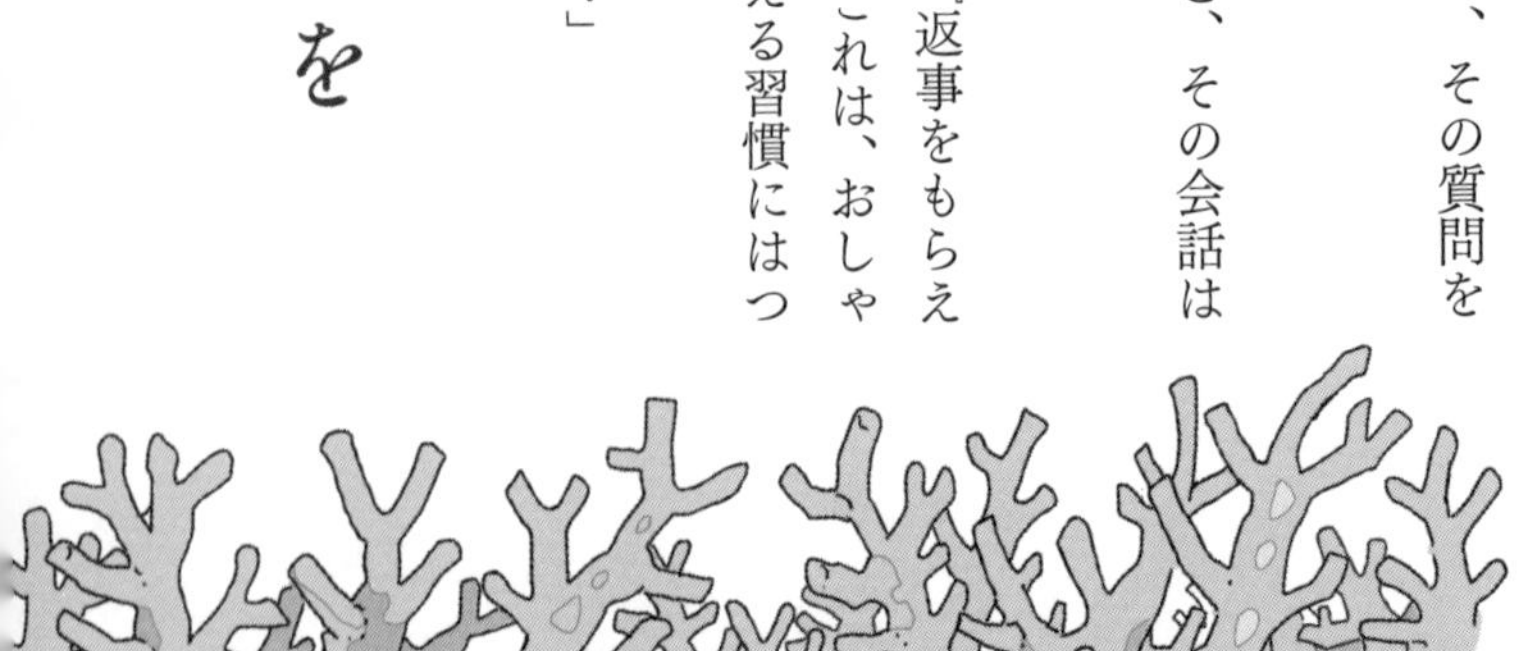

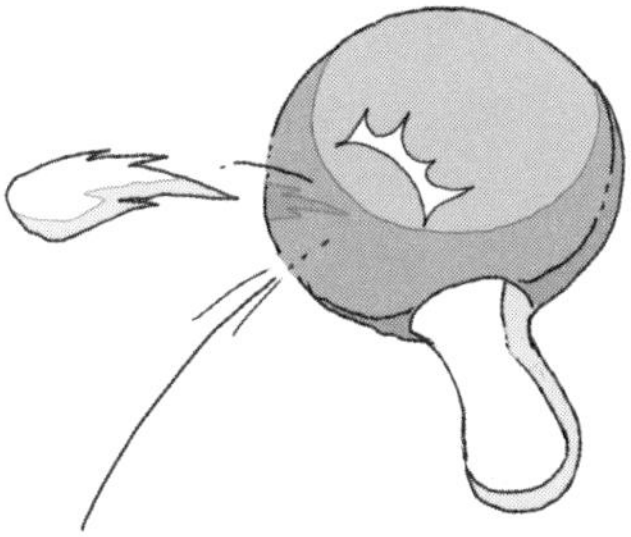

「じゃあ、ここでおしゃべりを卓球《たっきゅう》にたとえてみよう」

「卓球に？」

「まあ、卓球でもテニスでもいいんだけどね。ほら、テニスや卓球って自分主導で打つのはサーブのときだけで、あとはずっと『どう打ち返すか』を競うスポーツだろ？　その意味でとてもおしゃべりと似ているんだ」

「返事を、打ち返してるってこと？」

「そう。相手の発言を受けて、自分はどんなことばを打ち返すのか。そのことばに対して、向こうはどんなボールを打ってくるのか。もしかしたら相手は、タコジローくんをねじ伏《ふ》せるくらいのスマッシュを打ってくるのかもしれない。あるいはタコジローくんが、強烈《きょうれつ》なリターンショットを打ち返すのかもしれない。そう考えると、おしゃべりの構造もイメージしやすいんじゃないかな？」

「うんうん。その感じ、すごいよくわかる」

「ところがこれだと、自分の考えを深めることにはつながりにくい。なぜって、考えるより先に、相手のボールを打ち返さなきゃいけないからね」

「考えてる時間がないってこと？」

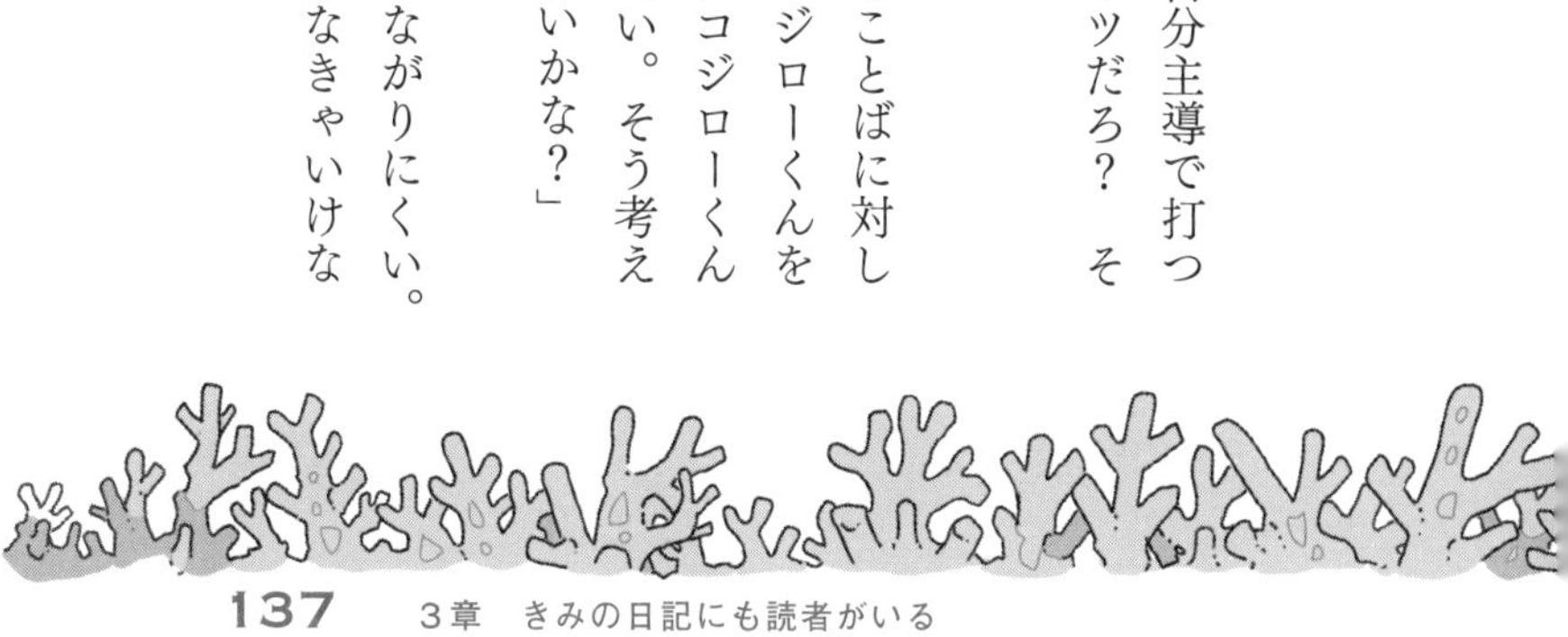

「時間の流れもそうだし、話の流れもそうだ。たとえば、おじさんがいま、『ところでタコジローくんはどんなマンガが好き?』と話題を切り替えたとする。するとタコジローくんは、好きなマンガについて返事をしなきゃいけなくなる。意識がマンガに、持っていかれる。それまで別のことを考えていたとしてもね」

「うん」

「そしてマンガについて話しているなか、おじさんが『マンガ以外で好きな本は?』と聞く。すると今度は意識が本に持っていかれる。マンガについて、あれこれ考えていたとしても」

「そうなるだろうね」

「つまりおしゃべりは、ひとつの場所に立ち止まらせてくれず、ひとつの考えに集中させてくれないんだ。だから自分の考えを深めていくためには、ひとりになる必要がある。ひとりの場所で、ひとりの時間に、自分ひとりと向き合って書くからこそ、ひとつの考えが深まっていく。だれにも合わせず、『返事じゃないことば』を書いていくことでね」

「返事じゃないことば?」

「そう。だれかへのリアクションじゃない、自分のことばだ」

## 会話で「勝ち負け」を争わない

「でもさ、おじさんはどうして、ぼくとおしゃべりしてくれてるの？　だって、書くのが好きで、おしゃべりは嫌いなんでしょ？　ぼくみたいな子どもとしゃべってても、つまんないでしょ？　なんでそんなにやさしい真似《まね》をするの？」

おじさんは一瞬きょとんとしたあと、おおきな声で笑った。

「わっはっはっはっは！　……そうかそうか、タコジローくんはそんなふうに思っていたのか」

「……笑わないでよ！　ぼく、真剣に聞いてるんだから」

「ああ、すまないすまない。どこから話せばいいかな。まず、おじさんはタコジローくんとのおしゃべり、とてもたのしんでいるよ。タコジローくんは鋭《するど》いし、一緒に話していて、たくさんの発見がある」

「さっき、おしゃべりじゃ考えが深まらないって言ってたじゃん。相手に合わせるばかりになっちゃうって」

「それはそうだ。たしかにおしゃべりは、自分の思いどおりにならない。おじさんにもタコジローくんにもコントロールできない、『流れ』のようなものがある。でも、そういう流れに身をまかせるからこそ、自分ひとりでは思いつかなかったようなことに気づいたり、相手の話をヒントに違った角度からものごとを考えたりできる」

「それがおしゃべりのメリット？」

「どこに行くかわからないところがね。きょうだってそうさ。いま、ぼくたちはおしゃべりについて語り合っている。でも、なんでおしゃべりの話になったか憶えているかい？　こんなの、どちらが誘導《ゆうどう》したものでもないだろ？」

「……うん、まあ」

たしかに、きょうのぼくは日記について、ダンジョンや「自分との対話」について、もっと詳《くわ》しく聞こうと思ってやってきた。それがいつの間にか、おしゃべりの話になっている。

「それにタコジローくんとのおしゃべりは、とても噛《か》み合っている気がする」

「どんなふうに？」

「さっき、おしゃべりを卓球にたとえて考えたよね？」

「うん。相手の球を打ち返す競技だって」

「その『競技』の部分が強くなっちゃうとさ、だんだんと試合みたいな気持ちになって、意味もなく『勝ちたい』と思うようになってしまうパターンも多いんだ」

「勝ちたいって、会話に？」

「ああ。相手を言い負かしてやりたい、っていうかさ。そんなふうに『勝つこと』が目的になると、相手のことばを否定するばかりで、おしゃべりが発展していかないんだ。自分の非を認めようとせず、よくわからない理屈を並べたり、記憶をねじ曲げたり、嘘をついたりしてね。場合によっては、ことばの暴力が飛び出すこともある。自分としては、一発逆転のすごいスマッシュを打ち込んでいるつもりかもしれないけどさ」


それを聞いてぼくの頭に思い浮かんだのは、ウツボリくんの姿だった。


ぼくと一緒にいるときのウツボリくんは、ぜったいに自分の非を認めようとしない。こちらがなにか言うとすぐに「違うよ」「そうじゃなくってさ」と否定してくる。自分の意見を、かなり強引《ごういん》に押し通す。そうか、ウツボリくんとのおしゃべりがつまらないのは、ウツボリくんが会話で「勝つこと」ばかり考えてるからなのか。

「一方、おじさんとしゃべっているときのタコジローくんは、『勝つこと』なんて考えていない」

「そりゃ、おじさんには勝てっこないもん」

「いや、きっとタコジローくんは、だれに対しても同じようにおしゃべりをしてると思うな。もちろん、『自分との対話』をするときにもね」

「どうして？」

「まさにその『どうして？』があるからさ。知らないことを、知ろうとする。わからないことを、わかろうとする。そういうタコジローくんと一緒にいると、おじさんもたくさんの刺激《しげき》を受けるんだ。むかしの自分を思い出したりしてね」

「むかしの自分？」

# バラバラのぼくたちをつなぎとめるもの

「中学生のころ、おじさんはここから一歩も出ようとしなかったんだ」

そう言っておじさんは、背中の殻をコツコツと叩いた。

「自分の部屋から?」

「ああ。だって、自分の背中にこんな便利な部屋があるなんて、引きこもるにはうってつけの条件だろ?」

「……学校がいやだったの?」

「そうだね。いじめられて、殻にこもって、気づいたら出られなくなって。それで1年ほど殻のなかにこもったある日、市の図書館に通うことにしたんだ。外に出る練習も必要だったし、勉強のほうもずいぶん遅《おく》れていたしね」

「へええ。えらいな、おじさん」

「そして図書館で問題集を解いていたら、ウミガメのおじいさんが話しかけてきたんだ。『ひとりで勉強かい?』ってね。――びっくりしたよ。学校に連絡されるんじゃないかと思って、逃げ出しそうになった。でも、そのおじいさんは学校のことなんかひと言も口にせず、ふつうに話を続けてくれたんだ」

「なんか、わかる気がするな。そういうありがたさ」

「それから図書館に行くたびにウミガメのおじいさんと会って、たくさん話をして、たくさん教えてもらうようになった。お昼ごはんのときにも、駅までの帰り道にも」

「そのおじいさんが勉強を教えてくれたの？」

首を振っておじさんは微笑んだ。

「いや、学校の勉強よりも大切なことさ」

「勉強よりも大切なこと？」

「自分の殻にこもっていたころ、おじさんはだれともしゃべろうとしなかった。引きこもっていた1年のあいだで家族以外のだれかと交わしたことばは、ほとんどゼロだったと思う」

「……さみしかった？」

「そんなこともなかったよ。もともと友だちは少なかったし、友だちなんかいらないとさえ思っていたし。だれとも会わず、だれともしゃべらずにいれば、傷つく機会も減るわけだろ？　だから、ひとりでもぜんぜん平気だった。でも……」

「どうしたの？」

「ウミガメのおじいさんとは、なにか『つながってる』感じがした。これまでのだれとも感じたことのない、つながりだった。一緒にいるときも、いないときも、すごく安心できた。ぼくたちをつないでいるロープの正体はなんだろ

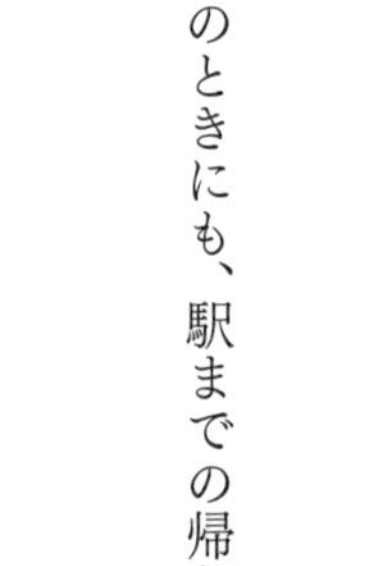

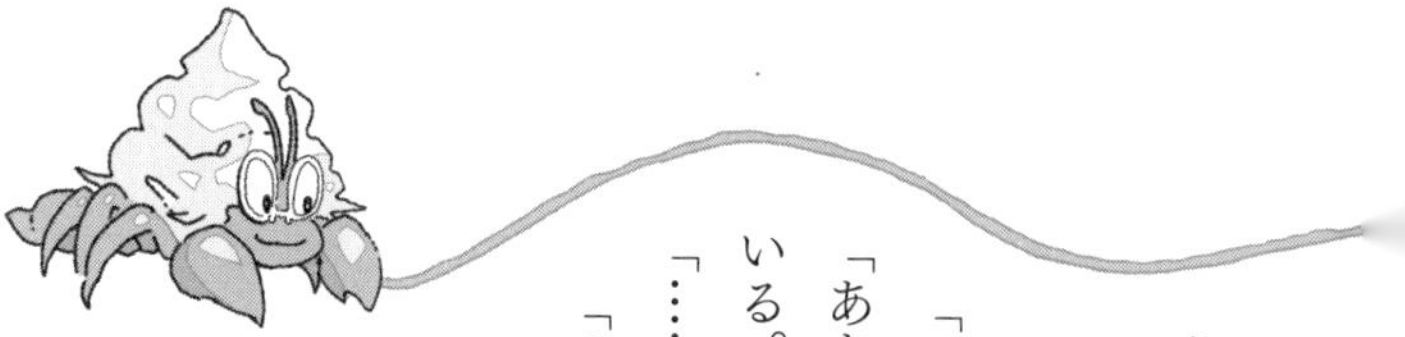

うと、ずっと考えていた。そしてその正体が、わかったんだ」

「なに？」

「――ことばだったんだよ」

「ことば？」

「ああ。ぼくたちはバラバラの場所で、バラバラのことを考えて、バラバラに生きている。たとえ同じ家に暮らす家族であっても、その原則は変わらない」

「……うん」

「そこでぼくたちは、ことばのロープに思いを託《たく》す。自分が放ったことばを、だれかがつかむ。だれかの放ったことばを、自分も握りしめる。そうしてようやく、バラバラだったぼくたちはつながり合う。嵐の夜も、さみしい夜も、沖に流されることなく、安心して朝を迎えられる。――おじさんはそれまで、だれに対してもロープを投げてこなかったんだ。ＳＯＳのロープさえもね。でも、ウミガメのおじいさんとはたくさんのことばを交わして、つながることができた。おどろくほど自然にさ」


　おじさんの背後に伸びるシロサンゴの枝が、ロープのように見えた。にょきにょきと、さまざまな方向に枝分かれした、ことばのロープに。その集まりとしてできた、おおきな森。もしもぼくがシロサンゴだったなら、いったい何本のロープを伸ばしているのだろう。どれだけみんなと、つながろうとしているのだろう。

「きのうときょう、タコジローくんはおじさんに、自分のことをたくさんしゃべってくれたね」

「うん」

「おかげでおじさんは、タコジローくんのことをよく知ることができたし、タコジローくんと友だちになることができた」

「友だち？　ぼくたち、友だちなの？」

「おじさんはそのつもりだよ。いいかい、そんなぼくたちをつないでくれたのは、ことばなんだ。もしもタコジローくんが黙っていたなら、こうはならなかったんだ。自分をことばにするって、ほんとに大切なことなんだよ」

## どんな文章にも、読者がいる

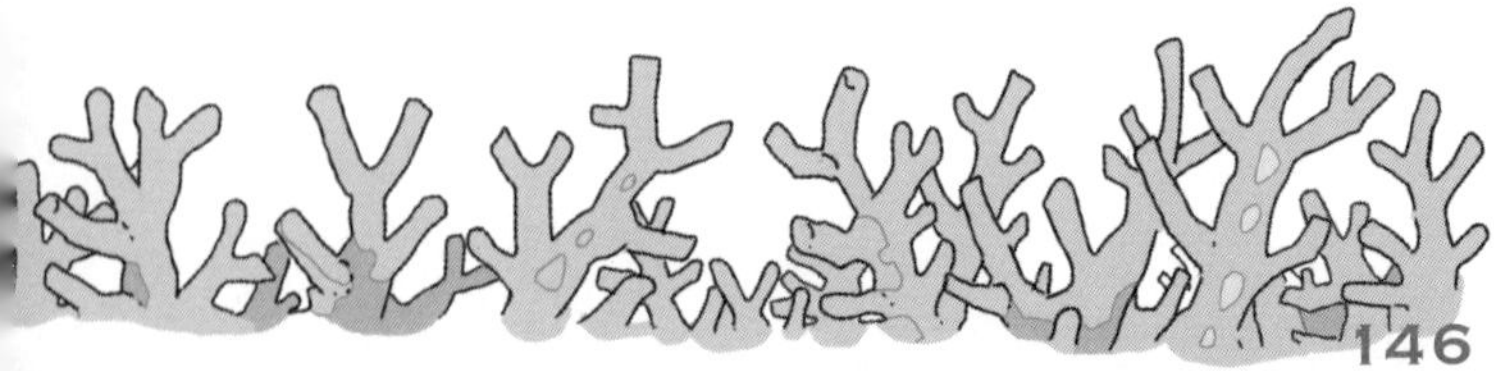

「自分をことばにしたから、つながることができたの？」

「ああ。中学時代のおじさんもそうだし、今回のタコジローくんもね」

「だったら、書くのはなぜ？　ひとりで日記なんか書いたって、だれともつながらないじゃん。ことばのロープはどこにも届かないじゃん。……ひとりで書けとか、やっぱり話せとか、おじさんの言ってること、めちゃくちゃだよ！」

「タコジローくん、それは違う」

興奮するぼくをなだめるように、おじさんは言った。

「いいかい、タコジローくん。どんな種類の文章でも、その先にはかならず読者がいるんだ。読者のいない文章なんて、ありえないんだよ」

「自分のために書く日記でも？」

「もちろんさ。タコジローくんはきのう、日記を書いたんだよね？」

「うん」

ぼくはかばんに手を入れて、日記のノートを取り出した。

「これ。もちろん読ませるつもりはないよ？」

「それはかまわない。日記は本来、自分だけの秘密として書かれるものだからね。ただし、たとえだれに見せるつもりもない秘密の日記でも、そこには『未来の自分』という読者がいるんだ」

「未来の自分？」

「そう。半年後、1年後、3年後、もしかしたら10年後や20年後、きっとタコジローくんはその日記を読み返す。真剣に生きていた『あのときの自分』と向き合うことになる。これはね、書き続けた者だけに与《あた》えられる、最高のプレゼントなんだ」

「これが……プレゼントになるの？」

「ああ。タコジローくんはいま、『未来の自分』に向けてロープを投げている。そして3年後のタコジローくんはきっと、笑ってその日記を読むことになる。たとえいまが苦しかったとしてもね」

おじさんの殻の隙間から、コトバクラゲが顔を出した。そろそろ帰る時間だと言っているのだろう。おじさんはやさしく手で制すると、ぼくの顔を見て言った。

「だからタコジローくん。ひとつ、おじさんと約束してくれないかな？」

「どんな約束？」

「あしたから10日間、日記を書き続けてほしいんだ」

「10日も？」

「そう、まずは10日間。2日や3日ぽっちの日記じゃ、自分との対話は深まっていかないからね。ほんとうは1ヶ月でも足りないくらいだ」

「うーん、そんなに続けられるかなあ」

「だいじょうぶ、いい考えがある。その日記を『おじさんに読ませるつもり』で書いてほしい。そして実際に読ませてほしいんだ」

「ええーっ⁉」

「だってほら、待っている読者がいると思えば、続けやすくなるだろ?」

「いやぁー。まあ、そうかもしれないけど」

「毎日なにかを続けるときにはね、それを義務だと思うと、とても苦しくなる。ましてや『やらなきゃ怒られる』なんて考えだと、なおさらいやになる。そんなときは、だれかとの『約束』にしてしまえばいいんだ。書き続けることを、約束にね」

「約束?」

「約束ってね、『させられる』ものじゃないんだ。どんな約束だって、最終的には自分が『する』ものなんだ。約束するのか、しないのか。それを決めるのは、タコジローくんだ。そして自分で決めたことなら、続けられる。約束を交わすほんとうの相手は『自分』なんだからね」

「自分との約束ってこと？　そんなの、すぐに破っちゃうんじゃない？」

「書くところまで約束にしなくてもいい。まずは『夜になったらノートを開く』と、自分と約束してみよう。ノートを開くだけだったら、守れそうだろ？」

「……うん、まあ」

「そのちいさな約束を、10日間だけ守り続ける。義務としてではなく、約束を果たすために、それを続けていく。どうだい？　できそうかな？」

「……わかった。約束する。これから10日間、夜になったらノートを開く。書けるかどうかはわからないけど、開くまではやってみる」

「どうもありがとう。おじさんという、生きた読者が待っていること。その読者は決して、タコジローくんを叱《しか》ったり笑ったりしないこと。なにをどんなふうに書いても、味方だということ。それを理解したうえで、書いてみてほしい」

「なんか……もう緊張してきちゃったよ」

「ははは、だいじょうぶ。さあ、森を抜けて帰ろう。おじさんもそろそろ自分の日記を書かないと、コトバクラゲたちに怒られちまうよ」

そうしてぼくらはシロサンゴの森を引き返して、公園へと戻っていった。

帰り道、おじさんとたくさんのおしゃべりをした。ウミガメのおじいさんの話がおもしろかった。おじさんが日記を書くようになったのも、ウミガメのおじいさんにすすめられたからだそうだ。

「おじさんが言ってることの半分以上は、むかしウミガメのおじいさんに教えてもらったことなんだよ」。おじさんはそう笑っていた。

看板のことは、もう聞かなくてもいい気がした。おじさんが不審者だろうと大悪党だろうと、ぼくには関係なかった。おじさんは自分の過去を語ったあと、ぼくを友だちだと言ってくれた。そしてぼくはおじさんと約束を交わした。それでもう、十分だった。

そして——カシャリ。シロサンゴの森を抜けて公園に入ろうとしたとき、茂みの向こうでシャッター音が聞こえた。

顔を向けると黒い影が、猛《もう》スピードで泳ぎ去った。

タコジローの日記

# 約束の1日目　9月7日（木）

きょう、ぼくは3日ぶりに学校に行った。

休んでもよかったけど、行くことにした。きょうも休んだら、いつまでもぐずぐず行けなくなると思ったからだ。

バスのなかでは、ずっとシェルフォンをさわっていた。バスをおりてからも、かばんのなかをのぞいてみたり、時間割表を読むふりをしたりして、なるべく顔を上げないように歩いた。

教室のドアを開けたとき、だれもぼくに気づかなかった。休んでいたとか、ひさしぶりだとか、そういう反応はなにもなかった。みんなそれぞれにおしゃべりして、先生が来るのを待っていた。

イカリくんの机のまわりには、トビオくんたちが集まっていた。一瞬、イカリくんと目が合ったような気がして、声に出さないまま「あっ」と口を開いて手をあげた。でも、イカリくんはそのままみんなとの話に戻っていった。

うちのクラスには、もうひとつのグループがある。テニス部のサメジマくんがつくる、第二グループだ。

イカリくんほどは目立たないサメジマくんだけど、勉強も運動もできるし、先生たちからも一目

置かれている。トビオくんも、サメジマくんにはなにも言えない感じだ。

ウツボリくんもアナゴウくんも、ぼくのところには来ない。こちらから行くつもりも、もちろんない。

そのひとりぼっちは、案外悪くないものだった。

おじさんは、ひとりの時間を大切にしよう、と言う。

みんなといっしょにいてばかりだと、自分ではいられなくなる、と言う。

なのに、ことばのロープで「つながり」をつくれ、と言う。

この教室で、どこにロープを投げればいいのか、ぼくにはわからなかった。

カニエ先生がやってきて、出席をとった。名前をよばれて返事をしたとき「かぜはだいじょうぶか?」とか、そんなことを言われた。きょう、カニエ先生と交わしたことばは、そのひと言だけだった。


授業と授業のあいだ、休み時間になっても、トビオくんたちはぼくをからかったりしなかった。最初は無視されてるのかなと思ったけど、そうじゃないみたいだった。あきたというか、ブームが終わったというか、選手宣誓よりももっとおもしろいことを見つけたみたいだった。

体育の授業は、体育祭でやるフォークダンスの練習だった。

体育のイワシダ先生は、あしたの授業でみんなの出場種目を決めると言った。1年のときも2年のときも、ぼくはつな引きに出た。今年もたぶん、そうなる。

家に帰ると、お母さんの置き手紙があった。時間があるときお母さんは、置き手紙を書く。お父さんもお母さんも、帰りが遅いこと、冷凍室にもずくスパゲティがあるので、それを食べること、夜10時になっても帰ってこなかったら先に寝ること、が書いてあった。

そういえば学校が終わって帰るとき、ウツボリくんがぼくを見て、いやな笑いを浮かべた。勝ちほこったような、見下したような、そんな目だった。

日記って、こんな感じでいいのかな？　ノートを開けば、いちおう書ける。でも、たのしいとは思えないし、ダンジョンを冒険してる気分になんて、まったくなれない。

## 約束の2日目　9月8日(金)

朝、学校に行くとみんながざわざわしていた。男子たちはトビオくんの机に集まって、なにか話していた。ぼくが近づこうとすると、すれちがいざまにアナゴウくんが「イカリくん、ケガで病院に運ばれたんだって」と教えてくれた。

やがてカニエ先生がやってきて、くわしい説明があった。

イカリくんはきょう、サッカー部の朝練に参加した。夏の大会で引退しているのに、1組のシャコムラくんと一緒に朝練に出た。そして2年生の子とぶつかったとき、足をケガした。病院に運ばれて、いま手術している。手術がうまくいっても、しばらく入院しなきゃいけないらしい。

「かわいそう」
フグイさんが言った。カニエ先生がこれから病院に行ってくると言うと、トビオくんは自分も行きたいと言い出した。もちろん、先生は認めなかった。来週の月曜日に自習の時間があるから、そのときみんなでおみまいに行こうと言った。教頭先生に呼

ばれてカニエ先生が教室を出ていくと、またみんながざわざわしはじめた。

ケガをしたと聞いてぼくは、夏の大会が終わっていてよかったな、と思った。

イカリくんが大会をたのしみにしていたのは知っていたし、すごく活躍したみたいだからだ。夏休みが明けたとき、イカリくんとサッカー部のみんなは、全校集会で表彰されていた。イカリくんはとてもほこらしげに、首からメダルを下げていた。

体育の授業では、体育祭の出場種目を決めていった。ぼくはつな引きになり、ウツボリくんとアナゴウくんは障害物競走に出ることになった。そしてイカリくんが出るはずだったリレーの代表には、サメジマくんが選ばれた。「イカリのぶんまでがんばるよ」とサメジマくんは言った。選手宣誓についてはまだ、だれもなにも言い出さなかった。

家に帰ると、お母さんが先に帰っていた。晩ごはんは、ひじきうどん。何日も前に渡した進路調査のプリントが、そのままテーブルに置かれている。三者面談までに出さなきゃいけないのに、きょうもまだお母さんは、進路の話はしない。おばあちゃんから電話があったとか、タラバタニさんの家が改築するとか、そんな話をしていた。

晩ごはんのあと、部屋に戻ってシェルフォンを開いた。すこしだけゲームをして、すぐに閉じた。友だちがいたら、シェルフォンってもっとおもしろいんだろうなと思った。あしたはすこし、早起きするつもりだ。

## 約束の3日目　9月9日（土）

きょうは朝からイカリくんのおみまいに行った。

受付でイカリくんの名前を告げると、3階の病室を教えてくれた。トビオくんたちが来ていたら帰るつもりだったけど、だれも来ていない

ということだった。

病室の扉を開けると、足を包帯でぐるぐる巻きにしたイカリくんがベッドに寝そべってマンガを読んでいた。ぼくを見たイカリくんは、すこしだけおどろいた顔を見せて「来たんだ」とだけ言った。

「なんか、さっき親が3冊だけマンガを持ってきてくれたんだけど、3冊なんてすぐ読み終わっちゃうよな」

そう言ってイカリくんはマンガを閉じた。

「ぼく、本を持ってきたよ。イカリくん、まだ読んでないかもって思って」

ぼくはかばんのなかから、夏休みに読み終えたばかりの小説を取り出した。

「ふーん。これ、まだ読んでるんだ」

「うん」

魔法学校を舞台にしたその小説の1作目が映画化されたとき、ぼくたちは小学6年生だった。ぼくたちはふたりで映画館に行って、その映画を観た。映画館からの帰り、イカリくんは原作の小説を貸してくれた。とても分厚い小説で、ぼくには読める自信がなかった。でも、読みはじめたら止まらず、ごはんを食べるのも忘れてページをめくっていった。最後まで読みおえたとき、ぼくは自分がすごいことをやったような、おとなになったような気がした。そして貸してくれたイカリくんは、もっとおとなだと思った。持ってきた小説は、シリーズの3作目だ。

「足、どう？　痛い？」

「笑っちゃうよな。クラスのだれも来てくれないんだ

からさ」

イカリくんはぼくの質問には答えないまま、小説をパラパラめくって言った。ぼくはあわててみんなおみまいに行こうとしたことと、でもカニエ先生が止めて、来週みんなで行こうと言ったことを説明した。

「ま、そうかもしれないけどさ」

天井を見上げて、イカリくんはつぶやいた。

「なんでおれたち、こんなになっちゃったんだろうな」

ぼくとイカリくんは小学生のとき、とても仲がよかった。学校に行くのも学校から帰るのも、いつもいっしょだった。

それが中学生になって、イカリくんの部活がはじまって、すこしずつ距離が離れていった。ぼくたちふたりのいる場所は変わらないのに、ぼくたちのあいだにたくさんのよそ者が割り込んでいった感じだった。

イカリくんのまわりにはいつも、サッカー部のみんながいた。教室に入れば、トビオくんたちもいる。ぼくのまわりにもウツボリくんやアナゴウくんが集まるようになって、ますますイカリくんと遠ざかっていった。

3年生になってからは、イカリくんとまともに話すこともなくなった。イカリくんは、むかしぼくと仲よしだったことを隠しているようにさえ思えた。

「なんか、むずかしいな」

「むずかしいね」

「……でも、この前のあれは」

「選手宣誓？」

「あ、うん」

「大した話じゃないよ。あの日、月曜の朝、トビオが『こういうことやろう』って言い出して、ウツボリたちにも話をつけて。ま、ウツボリたちを恨むなよ。あいつら、トビオに言われりゃ逆らえるわけないんだから。それで男子がみんな盛り上がっちゃってさ。そういう流れになったらおれだって逆らえないし。トビオにしても、べつにお前に意地悪したいわけじゃないんだよ。あいつはあれを『おもしろいこと』だと思ってて、自分はいつも『おもしろいことを言わなきゃいけない』って、勝手に思い込んでるだけなんだ。もちろん、タコっちには迷惑な話だろうけどさ」

イカリくんは、ひさしぶりにぼくのことを「タコっち」と呼んだ。もうだれも呼ぼうとしない、消えたはずの名前だ。

「でも、そんな理由で……」

「そりゃ、タコっちからすれば、とんだ災難だよな。しかもトビオ、次の日にはすっかり忘れてたし。たださ、選手宣誓なんてすぐ終わるって。おれもサッカーの大会でやったけど、楽勝だったよ。タコっちは考えすぎなんだよ」

「そうかもしれないけど」

「でも、まあ……ごめんな」

めくっていた小説を閉じて、イカリくんは言った。

なにに対しての「ごめんな」だったのか、よくわからない。わからないけどぼくには、いろいろのぜんぶについて「ごめんな」と言っているように聞こえた。

「冷蔵庫、ジュース入ってるぜ」

イカリくんはそう言ってナースコールで看護師さんを呼ぶと、車椅子に乗せられてトイレに向かった。

ひとり取り残されたぼくは、忘れないうちにとノートを取り出して、さっきの会話をメモしていった。

「なに書いてんの？」

トイレから戻ったイカリくんが言った。ぼくはあわててノートをかばんに隠した。

「いや、なにも」

「なんだよ、なんか書いてたじゃんかよ。隠すなよ」

弱りきったぼくは、おそるおそるかばんからノートを取り出した。

「あの……さっきの話、メモしてたんだ」

「メモって、なんで？」

「ぼく、約束したんだよ。書くって約束したんだよ」

そこからぼくは、ヤドカリおじさんとの約束について話した。おじさんとの出会い、おじさんのふしぎな家、コトバミマンの感情、そしてシロサンゴの森で語り合ったこと。話すつもりなんてぜんぜんなかったのに、話した。それはやっぱり、とてもスッキリするものだった。「マジ？」「スゲエ」「やべえじゃん」。途中からイカリくんも、身を乗り出して聞いてくれた。

「ぼく、イカリくんにもおじさんと会ってほしいな。おじさんもよろこぶと思うし、学校に行くよりずっとおもしろいから」

「まあな。でも、おれはいいよ」

イカリくんは窓の外に目を向けて言った。

「なんか、もう1回手術しなきゃいけないかもしれなくて、そうすると入院も長引くだろうからさ」

「もう1回？」

イカリくんがあんまりにもふつうにしているので、ぼくはケガや手術のことを忘れて話していた。

「やっぱり痛いの？　いま、無理してない？」

「痛いのは、きのうの夜がいちばん痛かった。いまは薬を飲んで、すこしおさまってきた感じ。体育祭も無理だし、高校に行ってサッカーできるかもわかんな

いってさ」

そりゃあ、ぼくの悩みなんて、選手宣誓なんて、どうってことないや。イカリくんの横顔を見ながら、なんだか申し訳ない気持ちになった。ぼくは自分のことばっかりだ。ぜんぜんイカリくんのことなんて、考えてあげられていない。

「それよりさ」

急にからだを向きなおして、イカリくんが言った。

「タコっちの日記、おれにも読ませてくれよ。そのヤドカリのおじさんだけじゃなくって、おれも読者に入れてくれよ。中身のことはだれにも言わないからさ。おれが退院するまで、書いてみてくれよ。どんな本より、日記のほうがずっと読みたいよ」

「そ、それは」

「約束しようぜ。タコっちとおれで」

ぼくは思わぬ約束をして、病院をあとにした。

自分がよろこんでいるのか、怖がっているのか、ぜんぜんわからなかった。正直いまも、まだよくわからない。

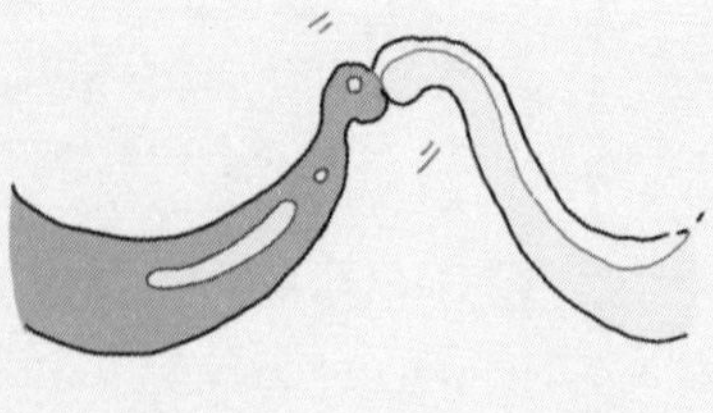

章

# 剣《つるぎ》と、地図

# 4 冒険の冒険の

# どうすれば書くのを好きになれるんだろう？

「……おもしろいことになってきたね」

それがおじさんの第一声だった。

日曜日だからか、公園は親子連れで賑《にぎ》わっていた。公園の入口にはやはりあの看板があり、白い殻のヤドカリへの注意が呼びかけられている。おじさんの新調した、目立ちすぎるピンク色の殻が、逆におじさんを疑いの目からすり抜けさせていた。

「よし、きょうはサンゴの森に行こう」

「えーっ、またシロサンゴの森？」

「違う違う、きょう行くのはもうすこし沖合いにある、アカサンゴの森だよ」

「いや、アカサンゴの森って、あそこは……」

「おじさんの、お気に入りの場所さ」

アカサンゴの森は、子どものころからぜったいに近づいちゃダメだと厳しく言われていた森だ。どこまでも深く複雑で、うっかり子どもが入ると、二度と出てこられなくなる恐ろしい森らしい。それでもおじさんは、まったく聞く耳を持たなかった。


アカサンゴの森に向かいながらおじさんは、ときおり「うん、うん」とおおきく頷きながらぼくの日記を読んでいった。

「……おもしろいことになってきたね」

「うん。なんか、たいへんなことになっちゃった」

「それで、日記はイカリくんにも読んでもらうんだね？」

「まあ、そう約束しちゃったしね。退院まで続けられるかわかんないけど」

「これはね、ぜったいに続けたほうがいい。イカリくんとの約束があるのはもちろん、タコジローくん自身のために。というのも、自分でも気づいてるかな？　タコジローくんの日記、日を追うごとにおもしろくなっているよ」

「ほんとに？」

「ああ、ほんとうさ。1日目と3日目なんて、ぜんぜん違う」

「でも、1日目は書くことがあんまりなかったしな。3日目は書きたいことがいっぱいあったから、その違いがおおきいのかも」

「いやいや、そういうことじゃないんだよ」

森の前に到着《とうちゃく》すると、おじさんは日記帳の1日目を開いた。

「1日目、タコジローくんはなにを書こうと思った？」

「なにをって、そりゃ日記を」

「そうだね。とっても『日記』っぽいものを、タコジローくんは書いている。じゃあ日記を書こうとして、最初にどんなことを考えた？」

「このときは……どうだったんだろう。最初にその日の出来事をぜんぶ思い出して、それを朝から順番に書いていった感じかな」

「なるほど。じゃあ、2日目の日記はどうだった？」

「うーん。たぶん、書きかたはほとんど一緒。まあ、朝に大ニュースがあったから、とにかくそれを書かなきゃと思って書きはじめた気がする」

「逆に言うと、1日目は大ニュースがなかった？」

「うん。学校に行っても、家に帰ってきても、なんか肩すかしっていうか、だれからも相手にされないままっていうか。だから書くのに苦労したもん」

「3日目はどうだった？」

「とにかくイカリくんの話を書かなきゃって思った。もう、病室にいるうちから書きたかったし、こっそりメモ取っちゃってたし。帰りのバスでもずっと興奮してた。だから書くのも早かった気がする」

「なるほどなるほど。つまり、『書きたいこと』があれば、たのしく書くことができる。そういうことだね？」

「うん」

「逆に、『書きたいこと』がない日には、苦労してしまう」

「そりゃそうさ。無理して書いてるんだもん」

「でもさ、せっかく続けるんだったら、毎日たのしく書いていきたいと思わないかい？

『書きたいこと』があろうとなかろうと」

「そりゃ、理想としてはそうだろうけど、たのしくなんかならないよ」

「どうして？」

「うーん、もともと書くのが好きってわけでもないし」

「だったら答えは簡単だ。書くのを『好き』に、なっちゃおう」

「はっ？」

「好きでもないことを毎日続けるなんて、うんざりだろ？　だったら好きに、してしまえばいい。こんなにシンプルな話もないと思うけどな」

「いや……おじさんだいじょうぶ？　なに言ってんの？」

「タコジローくんは、きっと好きになってくれるさ。少なくとも、書くことがたのしくなる方法はあるからね」

「書くことがたのしくなる方法？」

「ああ。きょうはその話をしよう。キーワードは『表現力』だ」

そう言うとおじさんは、立入禁止のロープをくぐってアカサンゴの森に入っていった。

「あっ、なかに入っちゃダメだよ！　出られなくなるんだから！」

おじさんはぼくの声も聞かず、ときどき殻をサンゴにぶつけながら、森の奥へと進んでいった。

# ことばの色鉛筆を増やしていけば

「キーワードは表現力って、それ、ぼくの文章が下手だから言ってるの？」

「いやいや、そうじゃない。表現力ってね、自由にかかわる話なんだ」

「自由に？　表現力が？」

「そう。これを使うとわかりやすいよ」

おじさんはそう言って、横を向いた。よく見ると殻の側面には、絵筆、キャンバス、スケッチブック、色鉛筆、クレヨン、それから何色ものスプレーなど、たくさんの画材がくくりつけてある。

「……これなに？」

「おじさんの大事な商売道具さ」

「商売道具？　おじさん、もしかして、画家なの？」

「はっはっは。そんな大したものでもないけどね。まあ、落書きみたいなものさ」

おじさんはスケッチブックを取り出すと、ぼくに手渡した。

「じゃあ質問だ。いまからタコジローくんが、ここから見える風景を絵に描くとする。色鉛筆を使って、色までしっかり塗《ぬ》っていくとする」

「うん」

「そしてここには10色入りの色鉛筆と、100色入りの色鉛筆がある。タコジローくんなら、どちらの色鉛筆を選ぶかな？」

「そりゃあ100色だよ」

「どうして？」

「だって、たくさんの色を使えたほうがいいじゃん。そのほうが正確に、っていうか、きれいに描けるんじゃないの？」

「そうだね。絵が上手とか上手じゃないとかに関係なく、使える色の種類は多いほうがいい。そのほうが表現の幅《はば》が広がる」

「うん」

「言い換えるとそれは、自由になれるということなんだ」

「自由になれる？」

「そうさ。色の数が少なければ、思いどおりに描けない。どこかでがまんしたり、あきらめたりしなきゃいけなくなる。一方でたくさんの色があれば、なにもがまんする必要はない。自分の思ったとおり、自由に振る舞《ま》うことができる」

「なるほど、それはそうかも」

「そしてこれは、ことばについても同じことが言えるんだ。ぼくたちがなにかを書こうとするとき、使える色が多いほど表現の幅は広がる。使える色、つまり『使えることば』をたくさん持っているほどね」

「使えることば？」

「ボキャブラリーのことさ。たくさんのことばを知って、たくさんのことばを使いこなせるようになるほど、文章は色彩《しきさい》豊かなものになっていく。しかもことばの色鉛筆には何千・何万という色があるし、無限の組み合わせがある」

「まあ、たしかにたくさんありそうだけど」

「たとえば、いまタコジローくんがなんとなく選んだ『たくさん』ということば。それだって、この色鉛筆のなかから選んだら、もっと違った景色になるだろ？」

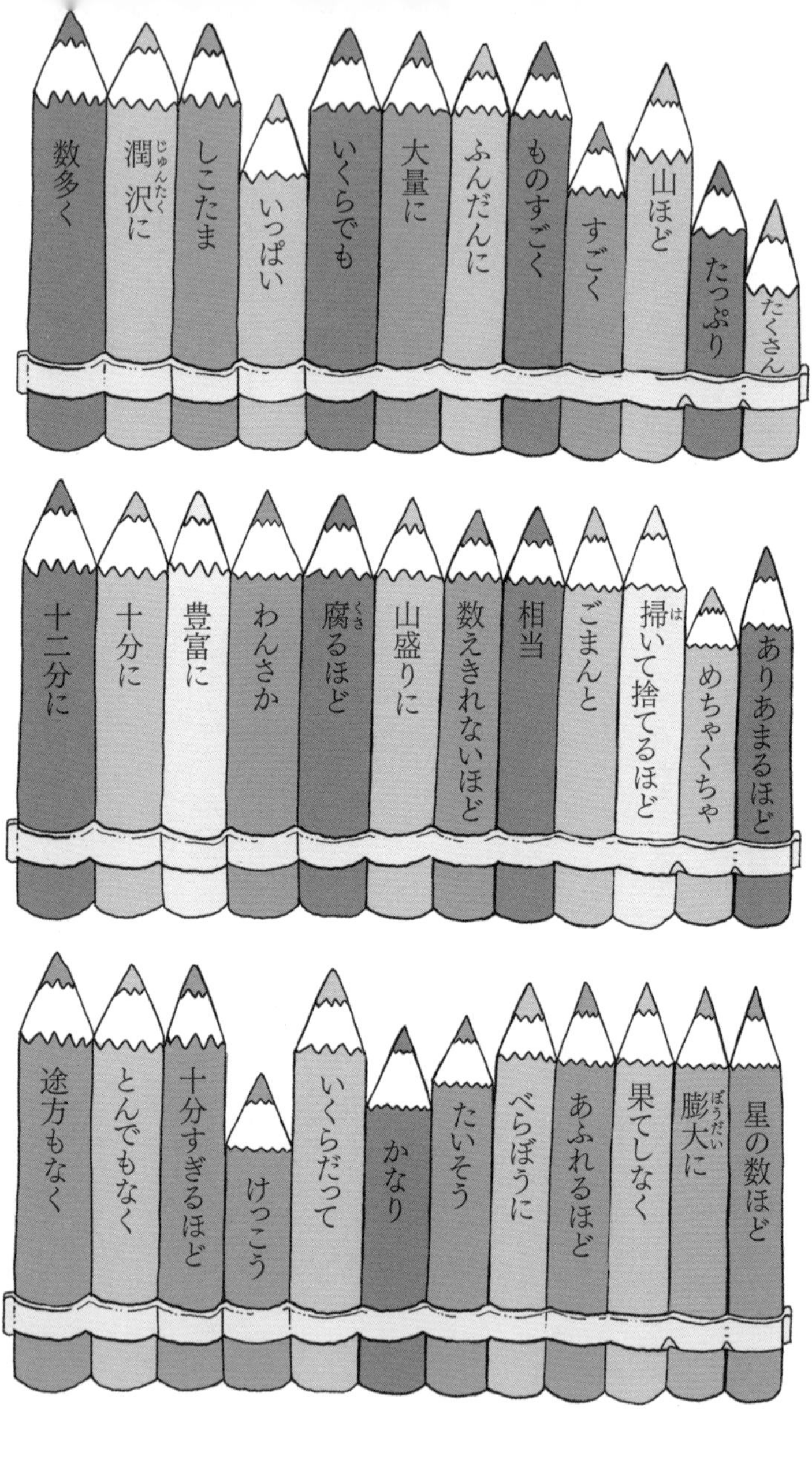
たくさん
たっぷり
山ほど
すごく
ものすごく
ふんだんに
大量に
いくらでも
いっぱい
しこたま
潤沢《じゅんたく》に
数多く
ありあまるほど
めちゃくちゃ
掃《は》いて捨てるほど
ごまんと
相当
数えきれないほど
山盛りに
腐《くさ》るほど
わんさか
豊富に
十分に
十二分に
星の数ほど
膨大《ぼうだい》に
果てしなく
あふれるほど
べらぼうに
たいそう
かなり
いくらだって
けっこう
十分すぎるほど
とんでもなく
途方もなく

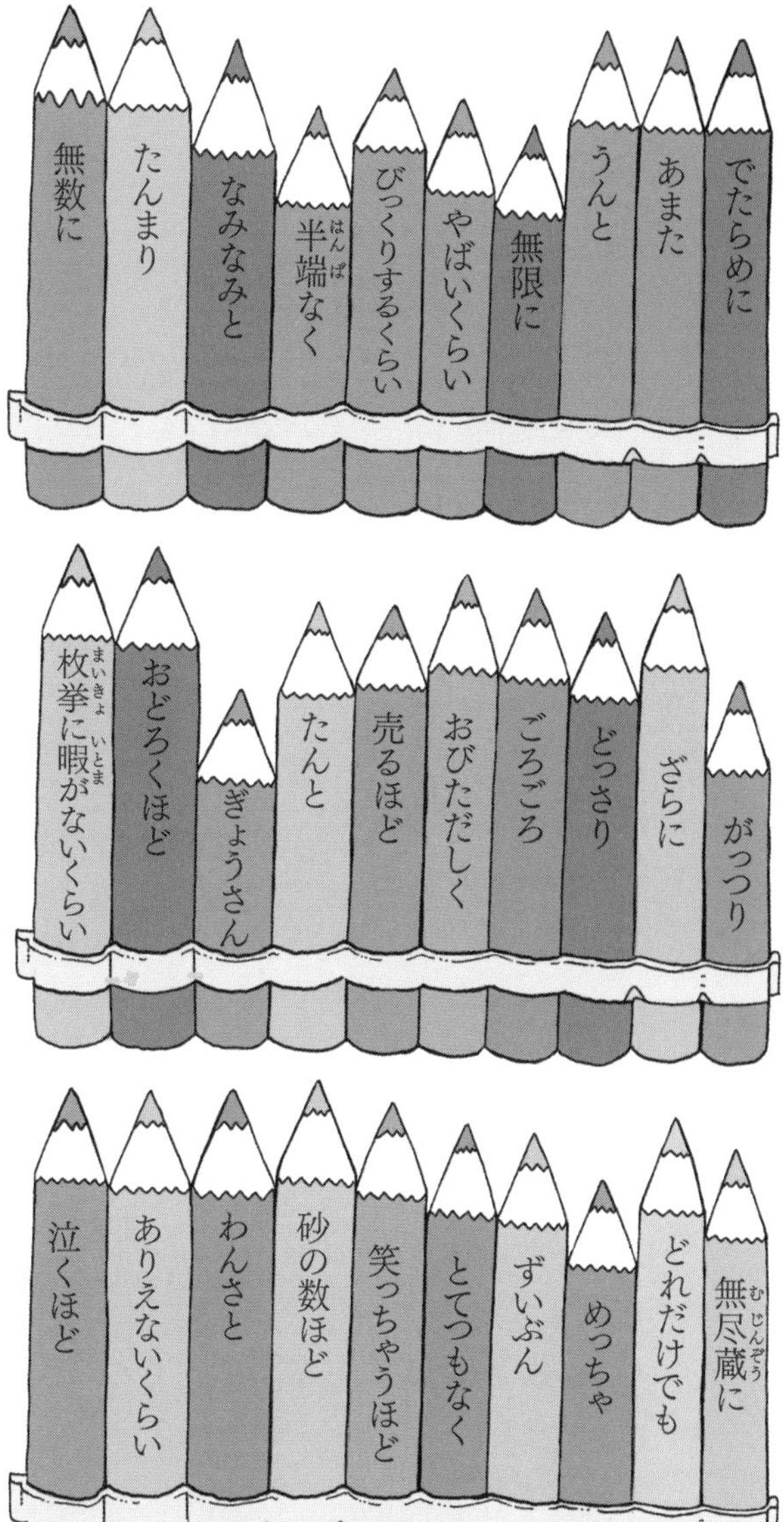
でたらめに
あまた
うんと
無限に
やばいくらい
びっくりするくらい
半端《はんぱ》なく
なみなみと
たんまり
無数に
がっつり
ざらに
どっさり
ごろごろ
おびただしく
売るほど
たんと
ぎょうさん
おどろくほど
枚挙《まいきょ》に暇《いとま》がないくらい
無尽蔵《むじんぞう》に
どれだけでも
めっちゃ
ずいぶん
とてつもなく
笑っちゃうほど
砂の数ほど
わんさと
ありえないくらい
泣くほど
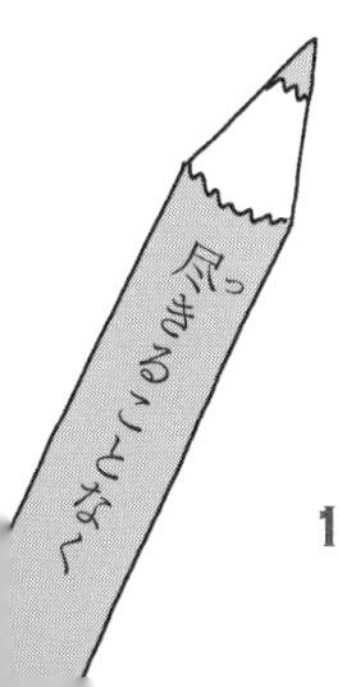
尽《つ》きることなく

「うひゃー」

「ほらね。こんなふうに、ことばの色鉛筆をたくさん持ってるほど、書くことはおもしろくなるんだ」

「うーん。それはそうかもしれないけど……」

「じゃあ、ペンに置き換えて考えてみようか。ここでのボキャブラリーは、ペン先の細さだ」

「ペン先の細さ?」

「そう。ボキャブラリーが豊かであるほど、ことばのペン先は細くなる。0・1ミリの極細《ごくぼそ》ペンで、繊細《せんさい》な描写をすることができる。一方、ボキャブラリーが乏《とぼ》しければ、図太い油性ペンしか手にできない。先が5ミリとか10ミリとかの、ぶっとい油性ペンだ。それだと細かな線は引けないし、大雑把《おおざっぱ》な絵しか描けない」

「ああ……太いペンが使いにくいのはよくわかる」

「もちろん、これは道具の話だ。ほんとうの表現力は、また別のところにある。それでも、まずは道具を揃《そろ》えるって、

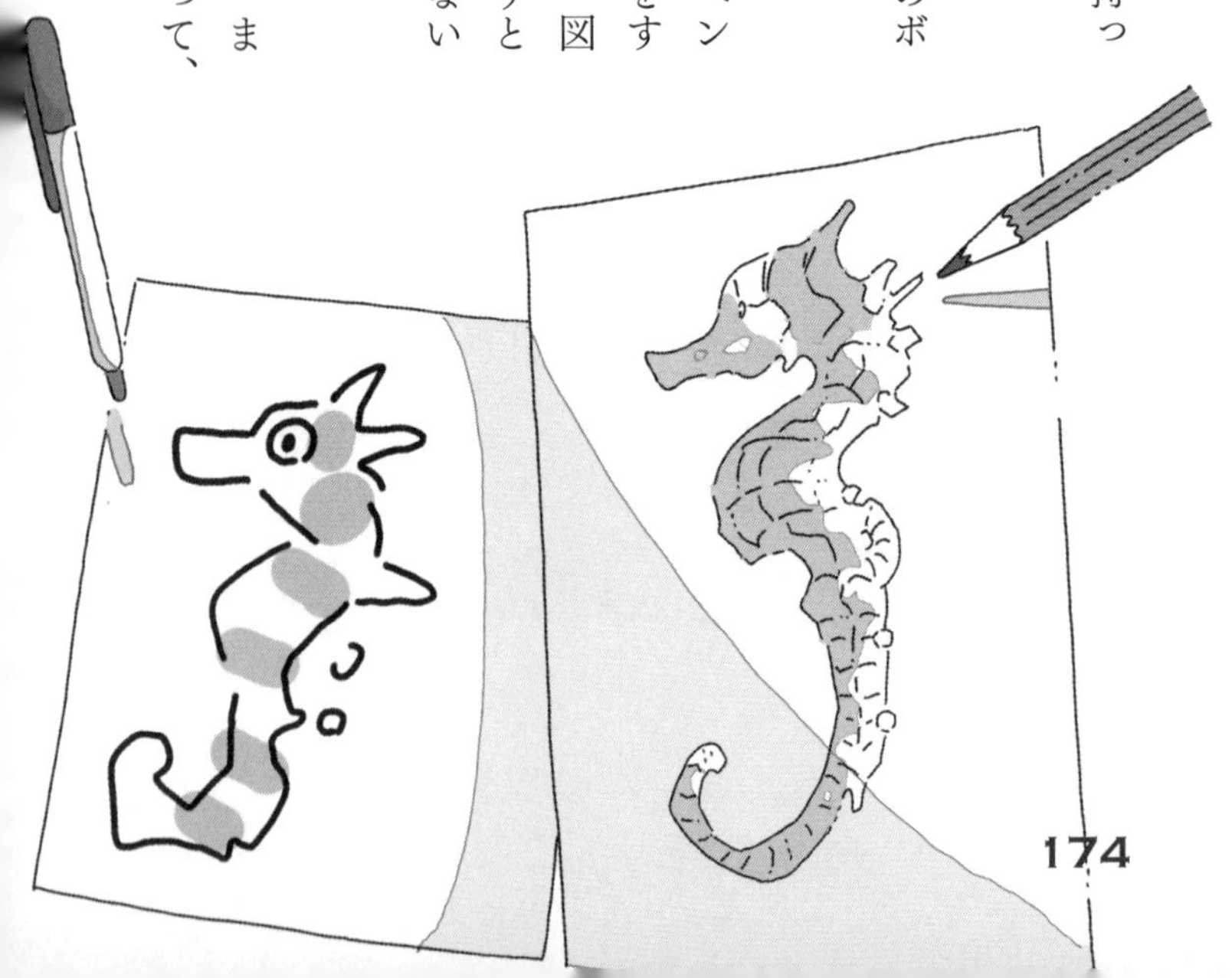

わかりやすい目標だろ？」

「でも、ボキャブラリーって、どうやって増やしていくの？　やっぱり本をたくさん読んだり、辞書を引いたりするの？」

「そうだね。本を読むのも、辞書を引くのも大事だ。ただ、ボキャブラリーというのは『知ってる』だけじゃ意味がなくって、『使える』ものじゃないといけないいんだよ」

「使えるもの？」

「つまり、100色の色鉛筆を『持ってる』だけじゃなく、それを『使え』なきゃ意味がない。学校のお勉強みたいに記憶するだけじゃダメなんだ」

「じゃあ、どうしたら使えるようになるの？」

「実際に使ってみることさ。たとえば本を読むとき、目で文字を追うだけじゃなく、声に出して読んでみる。これは『読む』と『使う』をいっぺんにやっているわけだよね？　あるいはラジオやオーディオブックを聴《き》くだけでもいい。耳で聴いたことばは、音として頭に入ってくる。そのぶん、声に出して使いやすいんだ」

「使わないと、ボキャブラリーは増えない？」

「おじさんはそう思うな。だから本が大好きな図書委員の子もボキャブラリーは多いだろうけど、演劇部とか放送部の子たちこそ、案外ボキャブラリーが多いのかもしれないね。読むだけじゃなく、実際にたくさんのことばを『使っている』わけだからさ」

## 世界をスローモーションで眺めると

「うーん。それで書くのがたのしくなるのかなあ」

「すこしずつね。たとえばゲームがほんとうにおもしろくなるのって、ルールや操作方法を憶えて、ある程度うまくなってからだろ?」

「うん」

「これはゲームがうまくなったからというよりもね、『できること』が増えたから、おもしろくなったんだ」

「できることが増えたから?」

「そう。ルールを理解した。操作のコツを憶えた。敵をやっつけたり、敵の攻撃《こうげき》をかわしたりが、苦もなくできるようになった。その結果として、おもしろくなったんだ。勉強でも、スポーツでも、習いごとでも、なんでも一緒さ。『できること』が増えれば、おもしろくなる。『できること』が少ないうちは、なかなかたのしめない。そして書くことにおいては、表現力を身につけることで『できること』が格段に増えていく。より自由に振る舞えるようになるんだ」

　ゲームのたとえはよくわかる気がした。小学生のころ、ぼくはピアノを習ったことがある。なかなかうまく弾《ひ》けないぼくは、半年もしないうちに辞《や》めてしまった。８本の足を使って上手にピアノを弾くタコザワ先生は、いかにも自由でたのしそうだった。文章についても、あんなふうになれる？

「じゃあ、おじさんとしてはとにかくボキャブラリーを増やせ、ってことなんだね」

「いや、ボキャブラリーは色鉛筆の『本数』に過ぎない。当然色鉛筆では『筆づかい』も重要になる」

「筆づかいって？」

「時間だよ」

「時間？　ゆっくり書くってこと？」

「それも大事だけど、『文章そのものに流れる時間』って感じかな。ここでもう一度、1日目の日記と3日目の日記を読み比べてみよう。1日目の日記でタコジローくんは、『その日の記録』を書こうとしたよね？　その日の出来事を朝から順番に書いていって、家に帰ってからもなにがあったのかを書いて」

「うん」

「一方で3日目の日記は、まったく違う」

「うん。ほとんど病院の話だけ」

「それで思い出してほしいんだけど、タコジローくんがイカリくんの病室にいた時間は、どれくらいだった？」

「病室にいた時間？　えっと、お昼前くらいに着いて、イカリくんのお昼ごはんが運ばれてくるまでだから……1時間くらいなのかな」

「きっとそれくらいだよね。でも、ほんの1時間くらいの出来事について、タコジローくんはこんなにたくさん書いている」

「うん」

「一方、1日目の日記はどうだろう。同じ1時間の出来事でも2〜3行で終わっているところがほとんどじゃないかい？」

「あっ……たしかに」

「日記を書くときの落とし穴はここなんだ。なにかを書こうとしても、ほんの数行で終わってしまう。しっかりとした日記を書くつもりが、ひと言ふた言のメモで終わってしまう。『学校に行った。音楽の授業がおもしろかった。家に帰ってゲームをした。晩ごはんを食べて、またゲームをした』みたいな感じでね」

「そう、夏休みの日記はぜんぶそんな感じだった」

「これはね、『スローモーションの文章』と『早送りの文章』の違いなんだ」

「スローモーションの文章?」

「たとえば夏に、アイスクリームを食べたとする。ふつうに書けば

『**アイスクリームを食べた**』

とか、せいぜい

『**暑かったから、うみぶどう味のアイスクリームを食べた**』

くらいで終わる話だ」

「うん」

「でも、実際にはこれくらいたくさんの場面があったはずだ」

暑さを感じる場面
冷蔵庫まで歩いていく場面
冷凍庫《れいとうこ》からアイスクリームを取り出す場面
ウミブドウ
ICE
アイスクリームの袋を破る場面
ICE
取り出したアイスクリームを眺める場面
最初のひとくちを頬《ほお》ばる場面

口のなかに冷たさを感じる場面
急な冷たさから頭に痛みをおぼえる場面
甘《あま》さと香《かお》りが広がっていく場面
残り半分になったアイスクリームを眺める場面
もうひとくち食べる場面

「これくらい情景を細かく区切って、それぞれの場面を描いていくと、どうなるかな？

ちょっと書いてみよう」


《その日は朝からとても暑かった。

アイスクリームを食べたくなったぼくは、よろよろと冷蔵庫まで歩いていった。

冷凍庫を開けると、思ったとおり一本だけ残っている。

よっしゃ！　ガッツポーズを決めて、そっと取り出す。

青いビニールに包まれた、うみぶどう味のアイスクリーム。

慎重《しんちょう》に袋を開けると、エメラルドグリーンの氷が顔を覗かせた。

暑くてたまらないぼくは、おおきくかじりついた。

ほてった口のなかに、氷の冷たさが染《し》みわたっていく。

ゆっくり噛みしめると、うみぶどうのさわやかな香りが鼻を抜け、やさしい甘みが広がる。ごくりと胃のなかに氷を流し込んで、そのままもうひとくちかじる。

あまりに急いで食べたせいで、頭がキーンと痛くなって目をつぶった。

アイスクリームは残り半分。

からだのほてりも落ちついてきたし、ここからはゆっくり味わって食べようと、ぼく

**は思った。》**

「ほら、ただ『アイスクリームを食べた』と書くのとは、ぜんぜん違うだろ？」

「違う。ぜんぜん違う」

「しかもこれ、おおげさに書いてるわけじゃないんだよ。ほんとうの気持ちは、もっともっと細かいところまでスローモーションにすることができる。ぼくたちは意識していないだけで、あきれるくらいたくさんのことを感じているんだからね」

「みんなそうやって書いてるの？」

「そうだな、たとえばタコジローくんもこの文章は読んだことがあるんじゃないかな」


**《吾輩《わがはい》はウニである。名前はまだない。どこで生まれたか、とんと見当がつかぬ。なんでも薄暗いじめじめしたところでキューキュー泣いていたことだけは記憶している。吾輩はここではじめてタコというものを見た。しかもあとで聞くとそれは学生という、タコのなかでいちばん獰猛《どうもう》な種族だったそうだ。この学生というのはときどき我々ウニを捕《つか》まえて、煮《に》て食うという話である。しかしその当時はなんという考えもなかったから、とくに恐ろしいとも思わなかった。ただ彼の手のひらに載《の》せられてスーと持ち上げられ**

**たとき、なんだかフワフワした感じがあっただけである。手のひらのうえですこし落ちついて学生の顔を見たのが、いわゆるタコというものの見はじめであろう。このとき妙なものだと思った感じがいまでも残っている。第一、トゲをもって装飾《そうしょく》されるべきはずの顔がつるつるして、まるでヤカンだ。》**

「あっ、これ知ってる！」

「有名な『吾輩はウニである』の冒頭だ。とてもたくさんのことが書いてあるけれど、よく読んでみると『生まれてはじめて出会ったタコに持ち上げられて、タコの顔を見る』という、とても短い場面なんだよね。でも、スローモーションの文章で書かれているから、とても豊かでおもしろい」

「ほんとだ、ほんとだ。これはよくわかる」

「スローモーションのカメラで世界を眺めて、スローモーションのビデオで『あのとき』を再現する。それだけで文章の表現力はぜんぜん違ったものになるよ。実際、タコジローくんの日記が3日目で急におもしろくなったのは、病室での出来事をスローモーションで描いていたからなんだ」

# ことばの網《あみ》の目を細かく生きる

「じゃあ、ぼくの1日目の日記は……」

「スローモーションがほとんどない、『早送りの文章』だったよね。全体が3倍速や5倍速で書かれている」

「なるほどなあ」

「もちろん、3倍速や5倍速の場面があってもいいんだよ？　ぜんぶの場面をスローモーションにするなんてできないからね。でも、たとえ1箇所《かしょ》でもいいから、どこかの場面をスローモーションで描く。そうすれば表現は豊かになるし、ことばもていねいになる。ここにボキャブラリーが加わったら、最強だよね」

「たしかに！　いまのスローモーションって考えかたは、すっごい納得した」

「うん。『ていねいに書きましょう』って言われてもよくわからないけど、『スローモーションで書きましょう』だったら理解しやすいんじゃないかな」

「でも、さっきのアイスクリームみたいな文章、ぼくにも書けるのかなあ。ぼく、なんでも5倍速のカメラで見てる気がするよ」

「いやいや、それは順番が逆なんだ。最初っからスローモーションのカメラを持ってるなんてことは、まずありえない。ぼくたちは『書こう』としたとき、ようやくスローモーションのカメラを手に入れるんだよ」

「書こうとしたとき?」

「たとえばいま、ぼくたちはアカサンゴの森を歩いている。もしかしたらタコジローくんは、歩くことに精いっぱいで、ひとつひとつのアカサンゴを、しっかり観察できていないのかもしれない。おじさんだって、おしゃべりに夢中になるとアカサンゴのことを『障害物』くらいにしか意識しなくなる。でもさ、ほんとうはアカサンゴの色とか、枝ぶりとか、頬を抜ける潮のあたたかさとか、降り注ぐ太陽の光とか、いろんなものを見たり感じたりしているはずなんだ。自分で意識していなくてもね」

「うん」

「でも、この森のことを『書こう』と思った瞬間、カメラはスローモーションに切り替わる。ほら、1分でもいいから『書こう』と思って歩いてごらん」

アカサンゴの森は、ぼくの背丈《せたけ》よりもずっと高かった。
くすんだ赤、いや、ちょっとおじさんの殻にも似た、
うすいピンク色をしたアカサンゴたち。
地面はゴツゴツとした岩で、泳げるぼくはいいけど、
おじさんには歩きにくそうだ。
それに、おじさんの殻は何度もガリガリとサンゴの枝に引っかかっている。
こんな面倒をしてまでおじさんは、どうしてここに誘ったのだろう。
足元できらきらと木漏れ日が揺れる。
枝のあいだを泳ぐクマノミの子たちが、とてもかわいい。

「……ほんとだ。ぼく、これまでなにも見ずに生きていたんだね」

「ぼくたちはたくさんのものを見て、聞いて、感じている。けれどそのほとんどは、意識のなかからすり抜けていく。そういう『すり抜けていく感情』をキャッチする網が、ことばなんだ」

「ことばが感情をキャッチするの？」

「ああ。これは前に話した『ことばを決めるのが早すぎる』にもつながる話かな。タコジローくんが『泳げメロス』を読む。ほんとうはたくさんのことを感じていたのに、ただ『とても感動しました』と書く。書き終わったあとで『そうじゃない、自分はもっといろんなことを感じていたんだ！』と気づく」

「うん。ぼくの読書感想文、ずっとそんな感じだった」

「じゃあ、どうして感情がすり抜けるのか。きっとタコジローくんは、ただ読んでいたんだよ。ただ物語を追いかけていたんだよ。でも、さっきみたいに『書こう』と思いながら読んでいたら、たくさんの感情をキャッチできたんじゃないかな」

「あー、なるほど。『書こう』と思いながら読むのかあ」

「ただし。タコジローくんは3日目の日記で、しっかりスローモーションができていたし、ことばの網の目も細かかった。それはどうしてだと思う？」

「……イカリくんとの会話がおもしろかったから？」

「いやいや、病室での自分を思い出してごらん。話の内容を忘れないように……」

「あっ、メモだ！」

「そうだね。タコジローくんはその場でメモを取った。だから3倍速や5倍速にならず、スローモーションの文章を書くことができた。タコジローくんはいま、メモ帳を持っているかな？」

「いや……学校のかばんに入れっぱなしで忘れてきちゃった」

「だったらシェルフォンのメモ機能でもかまわない。思いついたことば、気になっただれかのことば、気になった風景、気になった音。なんでもメモする習慣を持っておくと、日記を書くのもたのしくなっていくよ」

「どうしてたのしくなるの？」

「メモは、ことばの貯金だからさ。同じ買いものに行くでも、使えるお金をたくさん持っていたほうがたのしいだろ？　コツコツとメモを取って、ことばの貯金を貯《た》めていく。そして夜、好きなだけ散財するんだ。日記というダンジョンのなかでね」

# 手紙のようにメモを書く

「なるほどなあ、メモはことばの貯金かあ。おじさん、うまいこと言うね。たしかにぼくもイカリくんの病院から帰るとき、『早く使いたい！』って思ってた」

「それで気になった景色については、シェルフォンで写真を撮《と》るのもメモのひとつだよ。その写真を見れば、『あのとき』の感情を思い出す手助けになるからね」

「あっ。そういえば授業中、ノートをとる代わりに黒板の写真を撮ってる子もいるよ。先生に見つかると怒られちゃうけどね」

「ああ、それはよくないな。ことばは写真じゃなく、手書きでメモしたほうがいい」

「どうして？」

「むかしむかしね、ボクラデスという哲学者がいたんだ。彼は自分の本を1冊も書かなかった。それどころか、ものを書くことをとても嫌っていた」

「書くのが面倒だから？」

「違う。むしろ逆で、便利すぎるからだ。彼によると書くことは、『記憶を紙にまかせること』だったんだ。書いてしまえば、自分は忘れてしまってもいい。紙が記憶してくれるからね。そうやってなんでもかんでも紙に頼《たよ》っていると、自分の頭を使わなくなってしまう。それが彼の言い分だった」

「うーん。そう言われればそうかもしれないけど」

「黒板の写真を撮るのは、まさにそれだよね。写真を撮ったところで安心してしまって、憶えようとしないし、考えようとしない。だからほんとは、なにも考えずに書き写すだけっていうのもよくないいんだよ。書き写すことに一生懸命《けんめい》で、授業の中身はほとんど聞いていない。先生の話に対して、ひとつも頭を動かしていない。だからテスト前にノートを読み返しても、よくわからない。ノート自体はものすごくきれいなんだけどね」

「あー。それ、完全にぼくだ」

「ここでの問題はふたつある。ひとつは、先生の話をまともに聞かず、なにも考えないままノートをとっていること」

「うん」

「そしてもうひとつの問題は、コピペするように黒板を書き写していることだ」

「えっ？　だってノートって、黒板を書き写すものでしょ？」

「タコジローくんがノートをとるのは、テスト勉強のときに読み返すためだろ？　つまり、『未来の自分』に向けて、ノートをとってるわけだろ？　日記と同じさ。ノートにだって、未来の自分という読者がいるんだ」

「……うーん、たしかに」

「つまりノートの目的は、黒板を『写す』ことじゃない。あとで読み返すはずの自分に向けて、手紙のように書くものなんだ」

「手紙のように書くって言っても……。具体的にどうしたらいいの？」

「黒板を『写す』だけじゃなくって、その隣に自分の考えも『書く』んだ」

「自分の考えって？」

「たとえば数学の時間、先生の話でわからない部分があったとする。そういうときは書き写した公式や計算式の横に『？』と書いておく。そうすれば『ここがわからなかった』というサインになるよね？」

「うん」

「つまり、テスト勉強するときには『？』マークのついた部分を重点的にやればいい。『？』マークが書き込まれていないところは、ぜんぶ『わかったはず』の話なんだからね。あるいは、ものすごくおもしろかった話の横には『！』と書いておく。どんなふうにおもしろかったのか、自分のコメントを書き込む。そういうヒントが添《そ》えられているだけでも、ノートを読み返したときの理解度はぜんぜん違うものになるはずだよ」

「へーえ、おもしろそう」

「メモだって一緒さ。いま、タコジローくんがメモ帳を取り出して、この会話を書きとめていくとするよね？　そのときもおじさんのことばを書き写すだけじゃ、たぶん読み返したときによくわからない。ちゃんと『そのとき自分が思ったこと』も書くべきだし、線を引いたり、マルで囲んだり、『？』や『！』を書き込んだり、さまざまな工夫を通じて『未来の自分』に届けるんだ」

「そこまで考えていないから、ただ書いただけのノートになるのかあ」

「そうだね。コピペするように写しただけのノートは、なにが書いてあるかわからなかったり、読者に誤読させてしまったりすることもある。文章を書くときに注意したいのは、むしろこっちかな」

# 大皿料理を、小皿に取り分ける

「誤読？」

「ああ。文章に誤解はつきものだ。受け手のいるコミュニケーションであるかぎり、誤解の可能性をゼロにすることはぜったいにできない。ただし、誤解の余地をギリギリまで減らすことはできる」

「どうやって？」

「ぼくたちは文章を通じて、自分の気持ちや考えを相手に伝えているわけだよね？」

「うん」

「そして誤解とは、自分の気持ちや考えが『本来とは違ったかたち』で伝わったとき、生まれるものだ」

「うんうん、そうそう」

「じゃあ、どんなときに『本来とは違ったかたち』で伝わるのか。たとえばおばあちゃんの誕生日。タコジローくんが宅配便で、チョコレートを贈《おく》るとしよう。タコジローくんが大好きな、とっておきのチョコレートだ」

「うん」

「でも、せっかく宅配便を使うんだから、チョコレート1枚だけを贈るのはすこしもったいない気がする。そこでタコジローくんは、同じ箱のなかにグミやキャンディ、そしてお気に入りのこんぶチップスまで詰め込んでいく」

「へへへ。甘いものを食べたら、しょっぱいものがほしくなるからね」

「ただし、この荷物を受けとったおばあちゃんはどう感じるだろう。たくさんのお菓子が送られてきたのだから、きっとよろこんでくれる。でも、もともとタコジローくんが思っていた『このチョコレートを食べてほしい！』は伝わらないのかもしれない。むしろ『このグミを食べてほしい！』と伝わったり、『とにかくたくさん食べてほしい！』と伝わったりするのかもしれない。チョコレートはほかのお菓子に隠れて、無視されてしまうのかもしれない」

「ああー、ありえる！」

「つまり、なにかを伝えるときにはシンプルであることが大事なんだ。いろんなお菓子を詰め込んだりせず、チョコレート1枚だけを贈るほうが、タコジローくんの気持ちは正しく伝わるんだ」

「なるほどなあ」

「シンプルなことばで、まっすぐに伝える。ひとつの大皿に、たくさんの料理を載せない。味が混ざっちゃうからね。もしも料理がたくさんあるのなら、別のお皿に取り分ける。それが読者に伝えるときの、思いやりだ」

「別のお皿って？」

「別の文ってことさ。仮にタコジローくんがAとBとC、3つのメッセージを伝えたいとするよね。このとき、ひとつの文にABCを入れると、読み手が混乱しちゃうんだ」

「ABCって、たとえば？」


**きょう、ぼくはバスに乗って学校に行ったけど、校門のところでトビオくんの姿を見かけて、急に怖くなったので、バスを降りることができなくなって、隣に座っていたキンメダイのおばあさんと終点の市民公園まで行った。**

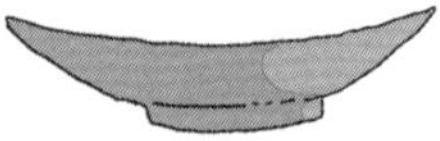

「日記のはじまりに、こんな文を書くとするよね。まあ、言ってることはわかる。でも、どこかわかりにくい。話のポイントがつかみづらい。ひとつの大皿に、たくさんの情報が盛られた状態だ。そこで文を、こんなふうに区切ってみる」

きょう、ぼくはバスに乗って学校に行った。

校門のところで、トビオくんの姿を見かけた。

ぼくは、急に怖くなった。

バスを降りることができなくなった。

けっきょくそのままバスに乗って、終点の市民公園まで行った。

隣の席には、キンメダイのおばあさんが座っていた。


「さあ、これでどうだい?」

「うん、スッキリする。ちょっと不自然だけど、スッキリする」

「そうだね。ここまで小分けにすると文章として不自然だし、どこか子どもっぽい印象もあるだろう。でもスッキリして、伝わりやすくなっているよね?」

「伝わる。ぜんぶ小皿に取り分けてある」

「ひとつの文では『ひとつのメッセージ』だけを書く。複数の情報は、文を区切ってひとつずつ伝えていく。それだけで誤解はぐっと減るはずだよ」

そうしておじさんと歩いていくと、目の前の森が開けてきた。

# これはなにに似ているか?

「さあ、これがおじさんのお気に入りの場所、きょうタコジローくんに見せたかった景色だ」

アカサンゴの森を抜けた先に待っていたもの。それは青やピンクや黄色や紫《むらさき》が一面に広がる、見渡すかぎりの大草原だった。色とりどりの草原はゆらゆらと揺れ、きらきらと光り、なんだか夢のなかに迷い込んだような美しさだった。

「すごーい!! なにこれ!」

さっそく草原に降り立とうと飛び出したぼくを、「危ない!」と言っておじさんが制した。

「降りちゃダメだ。これはみんなイソギンチャクなんだ。びりびりしびれる毒を持っている。うかつに触ると、たいへんなことになるよ」

「イソギンチャク? このきれいな草原が?」

「タコジローくんの町では、アカサンゴの森に入っちゃダメだって言われて

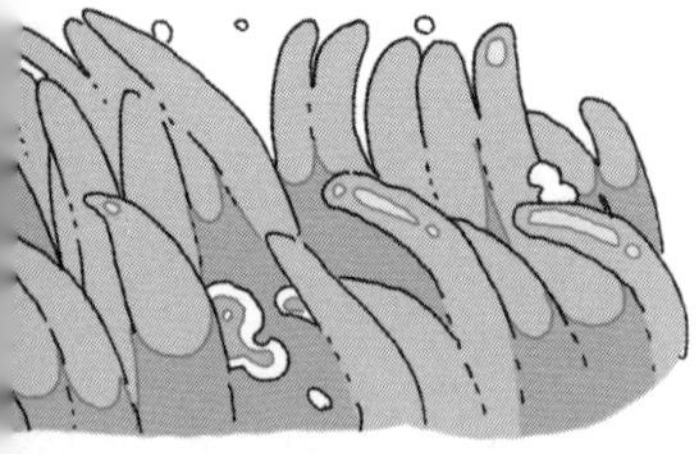

いるんだよね？　それはきっと、森の先にあるこのイソギンチャクの草原に行かないよう、そういうルールができたんじゃないかな」

「もう、そんなのどうだっていいよ。だって、こんなにきれいな景色、見たことがないもん。すごい、ほんとにすごい」

「おじさんがどうしてこの草原を見せたかったか、わかるかい？」

「この景色が好きだからでしょ？」

「もちろんおじさんもこの景色は大好きだし、タコジローくんにも教えてあげたかった。でもそれだけじゃなくってね、おじさんはタコジローくんがこの景色をどんなふうに書くのか、知りたかったんだよ」

「ええーっ、ひどいなあ。日記に書かせるために連れてきたの？」

「はっはっは。いいじゃないか、ちょっと考えてみよう。タコジローくんならこの景色を、どんなことばで説明する？」

「いや、もう『すごい』としか言いようがないし、『きれい』のひと言だよ。そりゃ、イソギンチャクの色を説明したりとか、ゆらゆら揺れてる姿を説明したりとかはできるかもしれないけど、ぼくの気持ちは『すごい』『きれい』だよ。ほかにはなにも言えない気がするな」

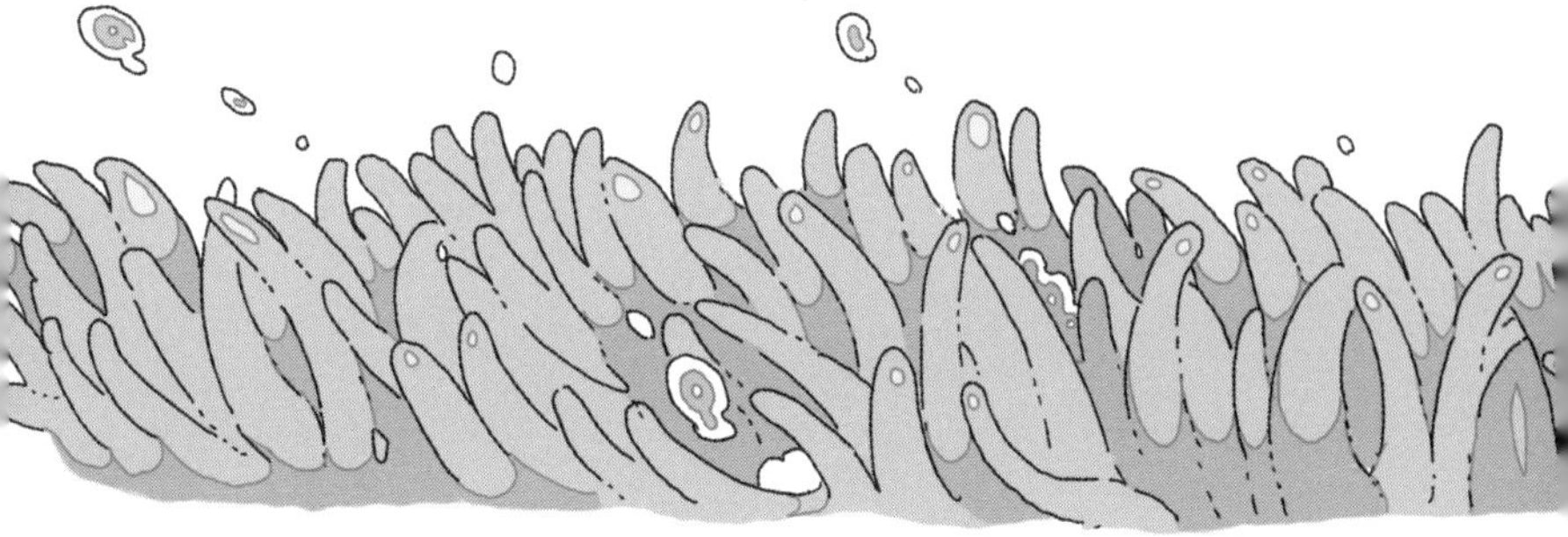

「そういうときにはね、『これはなにに似ているか？』と考えてみよう。きっと『すごい』や『きれい』の底にある、ほんとうの気持ちが見えてくるよ」

## 自分だけのテーマを掘り起こす

「ほんとうの気持ち？」

「もちろんタコジローくんの『すごい』は本心だよ。でも、たとえばシェルフォンでおもしろい動画を見たときの『すごい』と、いまイソギンチャクの草原を見て感じている『すごい』は違うはずだ。きっとここには、特別な『すごい』があるはずだ」

「うん、ほかのとは違う。ぜんぜん違う」

「ところが、ことばとしては『すごい』しか出てこない。そういうときに考えたいのが『これはなにに似ているか？』なんだ」

「えっと、イソギンチャクに似ているものを探すってこと？」

「違う違う。いまタコジローくんが感じている『すごい』に似た『すごい』を探すんだ」

「んん？　どういうこと？」

「タコジローくんはこれまで生きてきたなかで、何度となく感動した経験があると思う。なにかの映画を観てものすごく感動したとか、だれかに助けてもらって心から感激したとか、マンガを読んでぼろぼろ泣いてしまったとか、いろんな『すごい』を経験してきていると思う」

「うーん。まあ、それはそうだけど」

「そういうこれまでの経験のなかで、いまイソギンチャクの草原を見て感じている『すごい』といちばん似ているのは、どの『すごい』かな？」

「えーっ。これに似たもの？　わかんないなあ。何度も言うけどこんな景色見たことないもん」

「景色に限定しなくていいんだよ。おいしいものを食べたとか、ずっと解けなかった問題が解けたとか、美術館でイカソの『ゲソニカ』を観たとか、そういうことでもいいんだよ」

「うーん……むずかしい。それ、今度までの宿題にするのじゃダメ？」

「じゃあ、違う場面で考えてみよう。前にタコジローくんが話してくれた、キンメダイのおばあさんだ。憶えているよね？」

「もちろんさ」

「おばあさんに声をかけてもらったとき、タコジローくんはどう思った？」

「うーんと、『うれしい』とか『ありがたい』とか」

「じゃあ、その『うれしい』とか『ありがたい』は、ほかのなにに似ているだろう？　当時の気持ちをよく思い出してみて」

「そうだなあ。……あのときぼく、全身がカチコチに固まって、お腹もちくちく痛くなってたんだよね。でも、おばあさんのひと言でふわぁっと柔らかくなったというか」

「うんうん、いいねいいね」

「だから似てるものといえば、すっごく寒い朝にあたたかいスープを飲んだとき？　スープのぬくもりがゆっくりお腹を伝っていって、ようやく全身に血がめぐっていく感じは、すごく似てる」

「おおー、いいねえ。じゃあさ、『おばあさんのことば』は『冬の朝のスープ』に似ている。そしてその共通点は『ぬくもり』ってこと？」

「うん、ぬくもり。……いや、そうなんだけど、『ぬくもり』ってだけじゃ足りない気

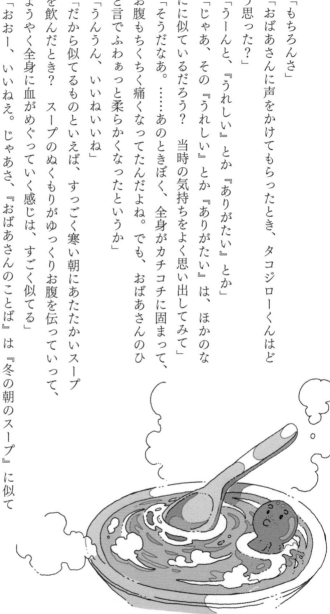

がするなあ」

「どう足りないのかな？」

「なんかね、極端《きょくたん》なことを言うと、直前まで死にそうだったっていうか、息が止まりそうだったんだよね。全身がぎゅーって固まって。それは寒い冬の朝も一緒だけど。そこから救われた感覚があって……」

「だいじょうぶだよ、ゆっくり考えて」

「……そうだな、なんか『分けてもらった』って感じなのかな」

「なにを？」

「ぬくもりっていうか、そのおばあさんの体温を。……うん、『体温を分けてもらった』ってのが、いちばん近いのかもしれない。おばあさんのことばも、寒い冬の朝のスープも、ぼくにとっては心を抱きしめて自分の体温を分けてもらった感覚なんだ」

「すごい！　いいことばが出てきたね。だったらさ、あのバスでの出来事を『ぼくを救ってくれた、あのことば』というお題で書いていくといいよ」

「お題？」

「そう、テーマと言ってもいいかな。ほら、タコジローくんも言っていたように、小学校の作文では『遠足の思い出』とか『6年間を振り返って』とかのお題が決められていただろ？　ところが日記には、お題がない。それでみんな、日記を『その日の出来事』で埋めてしまう。ただの記録としてね」

たしかに、日記を書くときのいちばんの苦しさはお題が与《あた》えられていないことだった。なにを書いてもいいからこそ、なにを書いたらいいのかわからなくなっていた。

「だから、毎日の日記にも、それぞれお題を設けたほうがいい。キンメダイのおばあさんに声をかけてもらった。うれしかった。ありがたかった。その感情を掘り起こしていって、『ぼくを救ってくれた、あのことば』というお題で書く。『苦しんでいるだれかに声をかけることは、自分の体温を分け与えることなんだ』という答えに向かってね」

## 冒険の地図はどこにある？

「待って待って、ちょっと待って。むずかしくって頭がこんがらがってきちゃったよ。まずは『似ているもの』を考えて……」

「順番はシンプルだよ。

最初に『これはなにに似ているんだろう?』と考える。さっきの場合でいうと、冬の朝のスープに似ていたんだよね?

次に『どこが似ているんだろう?』と考える。ここではじめに、『ぬくもり』ということばが出てきた。

でも、もうすこし掘り下げていくなかで、より具体的な『自分の体温を分け与える』というキーワードが見えてきた」

「うん」

「苦しんでいるだれかに声をかけること。それは、心を抱きしめて自分の体温を分け与えるようなことなんだ。ぼくたちは、ほんのちいさなひと言に救われる。そのぬくもりが、冷えきったぼくたちの心を温めてくれる。すごい話じゃないか。キンメダイのおばあさんを考えているだけでは、なかなかこんな答えは浮かんでこないと思うよ」

「それは浮かんでこないけど……」

「読書感想文を書くときだって一緒さ。『泳げメロス』を読む。感動したり、興奮したり、涙を流したりする。その感動が『なにに似ているのか』を考える。過去の記憶のなかから、似た手触りの感動を探す。そしてたとえば、前に『スイムダンク』というマンガを読んだときの感動に似ていると気づく」

「スイムダンク！　おじさんも読んでるの？」

「ああ。おもしろいマンガだよね。そして似ている感動を見つけたら、今度は『どこが似ているのか』を考える。それで、そうだな。たとえば『友情』ってキーワードが出てくる。けれど、もうすこしねばって考えてみる。……そうやって見つけた答えは、タコジローくんだけのものだ。同じ『泳げメロス』を読んでいながら、自分だけのテーマに基《もと》づいた感想文を書いていける」

「……じゃあ、このイソギンチャクの草原についても、同じ流れで書けばいいの？」

「そうだね。まずは、いま感じている『すごい』とか『きれい』に似た過去の感情を思い出す。次に『どこが似ているのか』を考える。何度も何度も、納得いくまで考える。そうすれば『すごい』とか『きれい』じゃない、タコジローくんだけの答えが見えてくるし、テーマが見えてくると思うよ」

「でもさ、『すごい』は『すごい』のままでよくない？　どうしてそんな面倒くさい思いをしてまで自分を掘り起こしたり、テーマを考えたりするの？」

「ダンジョンに潜《もぐ》って、自分の進むべき道を知るためさ」

「進むべき道？」

「きょう話したボキャブラリーやスローモーションの表現力は、ダンジョンを自由に冒険するための剣だ。この剣があれば、なにも恐れることなく旅することができる。そして『似ているもの』から導き出すテーマは、自分が進むべき道を示す、冒険の地図だ。謎解きに地図は欠かせないだろ？　タコジローくんはきょう、剣と地図の両方を手に入れたんだよ」

おじさんは、アカサンゴの森を迷わなかった。進むべき道を、たぶん知っていた。ダンジョンみたいに危険な森を、自由に冒険していた。こんなふうに、ぼくも自分のダンジョンを進んでいけるのかな？　きらきらと輝《かがや》くイソギンチャクの草原が、やたらまぶしかった。

タコジローの日記

# 約束の4日目　9月10日(日)

ヤドカリのおじさんに連れられて、ぼくはアカサンゴの森を進んでいった。

この森に入るのは、はじめてのことだった。学校でも、地域の集まりでも、この森に近づいちゃダメだと何度も言われてきた。

ふと振り返ると、入口はもう見えない。ここでおじさんとはぐれたら二度と出られないかもしれないな、とぼくは思った。

子どものころのぼくは、アカサンゴの森のことを、暗くて、危なくて、おばけでも出てきそうな場所だと思っていた。でも、実際の森はじゅうぶん明るくて、きれいと言ってもいいくらいの場所だった。くすんだ朱色の枝がにょきにょき伸びて、木漏れ日がきらきらゆれている。地面の岩はゴツゴツしているけれど、クマノミだって泳いでる。

「さあ、着いたぞ。これがタコジローくんに見せたかった景色だ」

アカサンゴの森を抜けきった先、ぼくたちの目の前には、見渡すかぎりの大草原が広がっていた。草原は、赤、青、ピンク、黄色、紫など、さまざまな色が折り重なっていた。しかも潮の流れに合わせ、草の1本1本がゆらゆらと揺れている。

ぼくは思わず駆け出した。草原のなかに飛び込もうとした。するとおじさんが「危ない！」とハサミで制した。その草原は、危険な毒を持つイソギンチャクの集まりだったのだ。ぼくは危うく、イソギンチャクのなかに身を投げるところだった。この夢のような光景は、なにに似ているだろう？

子どものころからむかし話で、イソギンチャクのことは聞かされていた。

この海のどこかに、きらきら光るイソギンチャクの城がある。あまりの美しさに誘われて、迷子の魚たちが城を訪ねる。ところが魚たちは、しびれ薬を飲まされて、城に閉じ込められる。そこで村いちばんの勇者、クマノミシロウがみんなを助けに行く。イソギンチャクの村で生まれたクマノミシロウに、しびれ薬は効かない。クマノミシロウは閉じ込められた仲間にドクケシワカメを食べさせ、みんなを無事連れて帰る。そんなお話だった。

子どものころ、どうしてみんなイソギンチャクの城に行ってしまうのか、ふしぎだった。

けれど、いまならわかる気がする。

ぼくも前に一度だけ、きらきらゆれる海面を眺めながら、このまま消えちゃいたいな、と思ったことがある。岩と間違えて、おじさんの殻に寝そべっていたときのことだ。あのときぼくは、たくさんのことで悩んでいた。学校でいじめられていること、体育祭で選手宣誓させられること、全校生徒の前で笑われること、進路のこと、タコなんかに生まれちゃったこと、頭がぐちゃぐちゃになっていた。

まっ暗な現実から逃げ出して公園にやってきたとき、しずかな時間があって、きらきらの光があった。

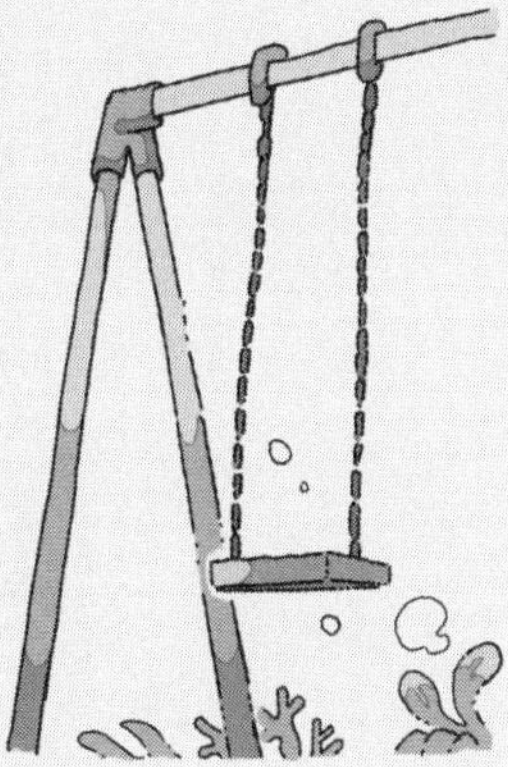

それでぼくは「あっち」に行きたいと思った。光もなにもない「こっちの世界」を捨てて、「あっち」に行きたいと思った。それがあのときの「消えちゃいたい」だったんだ。


ゆらゆら揺れるイソギンチャクは、手招きしているように見えた。

「そんなゴツゴツした岩場にいないで、きみもこっちへ降りておいで」

「もう疲れただろ？　ふわふわのベッドでおやすみ」

そう言っているように見えて、とても怖かった。きれいすぎるものは、ぼくたちの心をまどわせる。


「そろそろ帰ろうか」

おじさんの低い声で、我に返る。見るとおじさんは、もう森のなかに入っている。森を進み、まっすぐ抜けていった先には、現実が待っている。日曜日ももうすぐ終わる。ぼくたちが帰る場所はひとつなんだ。ぼくはあわてておじさんの背中を追いかけた。

## 約束の5日目　9月11日(月)

朝からみんな、そわそわしていた。きょうは5時間目と6時間目の授業をつぶして、みんなでイカリくんのおみまいに行くことになっていた。どこからもれたのか、イカリくんが再手術するかもしれないという話も、すでに伝わっていた。

「だったら体育祭は、ぜったい間に合わないな。退院できたとしても車椅子だ」

サメジマくんは冷たい口調で、「ぜったい」を強調して、そう断言した。それを聞くトビオくんは、ちょっと不安げだった。


給食が終わり、昼休みも終わると、カニエ先生の引率で病院に向かった。バスに乗るのも、バス停から病院までの道を歩くのも、男子の先頭はサメジマくんだった。トビオくんはときどきサメジマくんに話しかけ、なにか笑ったりしていた。

カニエ先生が病室のドアを開けると、イカリくんはすこしだけおどろいた表情を見せた。サメジマくん、トビオくん、ほかのみんながあとに続いて、病室はあっという間にぎゅうぎゅうになった。

「今回は大変だったな。まだ痛むか？」

先生の問いかけにイカリくんは首を振る。

「まだ授業中でしょ？　こんなことしなくていいのに」

「そうは言っても、みんな心配してたんだぞ」

女子たちがおおきくうなずいて、だれかひとりが「手術だいじょうぶだった？」と声をかける。

「さっき主治医の先生に聞いたんだが、来週には退院できそうだってな」

「リハビリがうまくいけば。再手術になったら、もうすこし延びるみたいですけど」

「そこでちょっと相談というか、先生からの提案なんだけど」

カニエ先生は一瞬だけぼくのほうを振り向くと、そのまま続けた。

「どうだイカリ、体育祭の選手宣誓、やっぱりお前がやってみないか？　リレーに参加できなくなったぶん、選手宣誓だけでも」

おおおお、とまわりから声が上がる。そしてフグイさんが拍手すると、すぐさまみんなが拍手を続けた。ウツボリくんがぼくの背中をバンッと叩いて、おおきくうなずいた。よかったじゃん、と言いたいのだろう。

「タコ……ジローは、それでいいって言ってるんですか？」

イカリくんのことばに、カニエ先生は「おお、おお」とおおきな声で返事をした。

「なあ、タコジロー、するよなあ？　こんな状況になったんだから、イカリにバトンタッチするよなあ？」

もちろんぼくもはじめて聞く話だった。でも、断る理由はどこにもない。むしろ、最初からそういう筋書きだったと思えるくらい自然な話だ。ぼくは黙ってうなずいた。

するとイカリくんはぼくの目を見て、こう言った。

「……じゃあタコっち、ふたりでやろうぜ」

病室が、しんと静まりかえった。イカリくんの提案も、タコっちという呼び名も、だれひとり予想していないものだった。

「わっはっはっは！　……そりゃお前、わははははは！」

「冗談で言ってるんじゃありません」

笑って流そうとしたカニエ先生に、イカリくんがピシャリと言った。

「ま……そ、それはまあ、かまわんけど、でも選手宣誓は……」

「べつにひとりでやらなきゃいけないってルールはないでしょ。それに、再手術になったら行けないんだし」

トビオくんが、岩肌に貼りついたフジツボでも見るような目でぼくをにらんだ。そして「ふんっ」と鼻で笑うと、なにやらサメジマくんに耳打ちした。

「退院できるようにがんばります。選手宣誓のこと、学年主任のタラバ先生に相談してみてください」

思惑がおおきく外れたカニエ先生は、納得いかない表情のまま、みんなに帰るよう指示をした。女子たちは口々に「がんばって」「待ってるからね」と手を振り、男子のほとんどは素っ気ない態度で病室をあとにした。

イカリくんはどうして、みんなの前で「タコっち」と言ったんだろう。そしてどうして、一緒に選手宣誓しようと言い出したんだろう。家に帰ってからもずっと、そればかり考えていた。なにか、とてもいやな予感がする。

# 約束の6日目　9月12日（火）

「なあ、タコジロー。きのうの『タコっち』ってなんなんだよ？」

朝、教室に入ると、トビオくんがいきなり絡んできた。ぼくは、それが小学生時代のあだ名だと伝えた。

「ふーん。それであいつ、なんで急に『タコっち』とか言いだしたわけ？　しかもふたりで選手宣誓しようとか」

あいつ？　イカリくんのことをあいつ？　ぼくはこれまで、トビオくんがイカリくんを「あいつ」呼ばわりするのなんて、一度も聞いたことがなかった。教室の端ではサメジマくんたちがこちらを見ながら、にやにや笑っている。

「名前のことはわからないけど、選手宣誓はイカリくんも言ってたみたいに、体育祭に出れるかどうか、まだわからないからじゃない？」

トビオくんはいかにも不満げな表情でぼくの机を叩くと、そのまま自分の席に戻っていった。

「いいよ、いいよ、もう」

トビオくんをなだめるサメジマくんの声が、静かな教室に響いた。けっきょくきょうは朝から最後まで、クラスの雰囲気がぎこちないままだった。

観察が大事だと、おじさんは言う。

しっかり観察してこそ、スローモーションの文章が書けると言う。

ぼくはきょう、いやたぶんきのうのうちから、ずっとトビオくんの様子を観察していた。トビオくんの変化を観察していた。そしてわかったことが、ひとつある。

トビオくんはなんというか、リーダーが必要なタイプなのだ。

イカリくんがケガする前までは、このクラスのリーダーは

イカリくんだった。だからトビオくんは、イカリくんのそばについていればよかった。ナンバー2っぽい立場に、それでなれた。でも、イカリくんが入院すると、自分の立場が危うくなった。頼るものがなくなってしまった。それですっと、ものすごく自然に、サメジマくんを立てるようになった。サメジマくんはなんとなくクラスのリーダーになり、トビオくんはふたたびナンバー2のポジションを手にした。たぶん、あと何日かすればぎこちなさも消え、先生たちまでサメジマくんをリーダーとして認めるようになるのだろう。少なくとも、イカリくんが帰ってくるまでは。

そういえば、ぼくに選手宣誓をやらせようと言いだしたのも、トビオくんだったらしい。あの日のホームルームを振り返ってイカリくんは、「そういう流れ」には逆らえないんだと言っていた。クラスって、じつはリーダーが流れを決めてるんじゃなくて、ナンバー2が決めているのかもしれない。

家に帰って晩ごはんを食べたあと、部屋で「ゴールデンイレブン」のゲームをしていた。運動は苦手だけれど、サッカーゲームは好きだ。イカリくんが退院したら、一緒にゲームできるかもしれないと思った。

ゲームしているあいだ、ずっとシェルフォンがメッセージを受信していた。グループチャットは、いつもだいたい10分くらいで波がおさまる。ところがきょうは、30分くらいずっと、受信していた。なにかがあったのかもしれない。ぼくはシェルフォンを開いた。「タコジロー」の文字が、いくつも見えた。


「これ、マジでやばくない？」

「タコジロー、無視すんなよ」

「ぜったいアイツだって」

「なにしてんだよタコジロー」

「先生に言ったほうがいいんじゃない？」

「なんか最近アイツおかしいと思ってた」

「ちょ、マジウケる」

「タコジロー、なんか言えよバカ」

何百件もたまっていたチャットをさかのぼっていくと、そこには1枚の写真が貼られていた。公園を歩く、ぼくとヤドカリおじさんの写真だった。投稿したのは、ウツボリくん。「これ、タコジローと一緒にいるの、あのやばい不審者じゃない？」。ウツボリくんは、そう書いていた。

《殻の色もピンクだし、あのヤドカリとは違うと思うよ》

それだけを返信して、ぼくはシェルフォンを閉じた。1時間近く経ったいまもまだ、シェルフォンは何百というメッセージを受信している。

章

# 書く、の理由

# 5

# ぼくたちが
# ほんとう

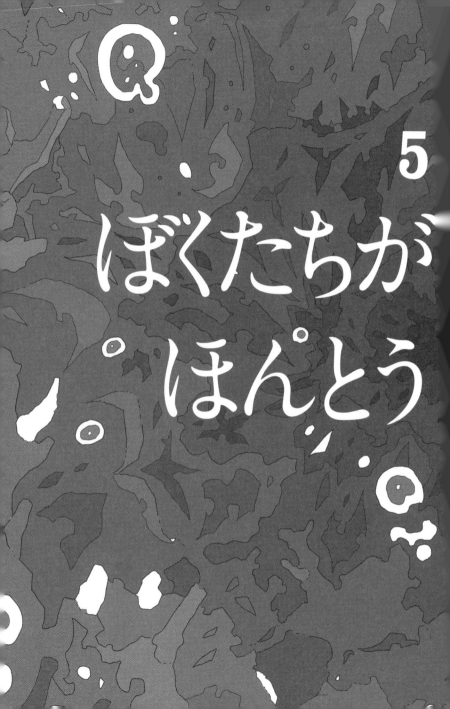

# だれにも言えないことは、自分にも言えないこと

「さて、どこから話そうか」

日記を最後まで読み終えると、おじさんは老眼鏡を外して言った。

ぼくはこの日も学校を休んだ。行けばどうせ、トビオくんたちに捕まる。おじさんのことや、学校をサボっていたことを聞かれる。へんな答えかたをしたら、先生に告げ口されたりもするだろう。

「あの看板のことはタコジローくんも知ってるよね？」

「……うん」

「ずっと前から？」

「はじめて会った日の、帰り道に気づいた」

「それで、どうしておじさんに看板のことを聞かなかったのかな？」

「……だって、おじさんはおじさんだもん。そりゃ、朝から公園をうろうろしてて、あやしまれたりしてるんだと思うよ。でも、みんなおじさんのことを知らないだけだもん。

ぼく、おじさんを知ってるもん」

「どうもありがとう。やさしいね、タコジローくんは」

この日、おじさんは目的地を告げないまま、海の奥深くへと歩いていった。きっと、みんなの目を避けるためだ。潮の流れはおだやかになり、代わりに光も届かなくなり、水もすこし冷えてくる。どこまで歩くつもりだろう。ぼくはちょっとだけ不安になってきた。

「……でもおじさんは、ちゃんと言ってほしかったな」

「えっ？　だって、だれかに言ったらおじさん、捕まったりするかもしれないんだよ？」

「うん。それはそうだけど、少なくともおじさんに対しては、言ってくれてもよかったんじゃないかな。『こんな看板が出てたけど、あれってどういうこと？』ってさ。実際、タコジローくんはまだ、看板に書かれていたことがほんとうかどうか、おじさんに確かめてないよね？」

「そ、それはそうだけど……」

「いいかい、タコジローくん。ぼくたちが抱える『だれにも言えないこと』は、そのほとんどが『自分にも言えないこと』でもあるんだ」

「自分にも言えないこと？」

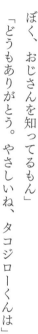

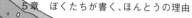

「そう。『コトバミマンの泡』は憶えてるよね？　ぼくたちの頭のなかには、ことばにならない思いが、ぐるぐると渦巻いている。そしてことばを与えないと、そのぐるぐるは消えてくれない。ところが、ことばにするのがためらわれることもある。なぜか。それはことばにすることが、『現実にする』ということでもあるからなんだ」

「どういう意味？」

「ことばにするとね、見なくてもすんだはずの現実を、直視しなきゃいけなくなるんだ。だれかのいやな姿とか、自分のドロドロした部分とか、自分が置かれたほんとうの立場とかをね」

「……!!」

「そして今回、タコジローくんはあの看板とおじさんを直視するのが怖かった。おじさんに直接確かめず、なにも知らないふりをして、気づいていないふりをして、そのままにしておきたかった」

「い、いや、そうかもしれないけど、ぼくは……」

「じゃあ、おじさんのほうから言っておこう。あの白い殻のヤドカリはおじさんのことだし、看板に書かれていたことはすべて事実だ。おじさんは不審者として、いま追われている。そのうちこの町からも、出ていくことになる」

「えっ……!?」

「こういうことさ。この町に来てからおじさんは、ひとりぼっちでさみしそうにしている子どもたちに声をかけていた。タコジローくんに声をかけたようにね。そのなかには、おじさんの部屋に入ってきた子どももいた。部屋を出た子どもたちは、心配して探していた親御《おやご》さんに『ヤドカリのおじさんに誘われた』と報告した。『こういう部屋であそんだ』と報告した。海よりも広い、あの部屋の話を語り出した。——気づけばおじさんは、指名手配されていた」

そうだ。ぼくは、すべてを理解した気がした。ぼくはお父さんやお母さんに、おじさんの話ができなかった。それは学校をサボったからではなく、あの看板のせいでもなく、海よりも広いおじさんの部屋を、うまく説明できる自信がなかったからだ。だれからも信じてもらえず、こんな騒《さわ》ぎになるとわかっていたからだ。

「……おじさん、いなくなっちゃうの?」

「そのうちね。ピンク色の殻に引越したからしばらくだいじょうぶだと思っていたけど、その写真が出回るようなら、町を出ることも考えなきゃいけないな」

うつむいたぼくに、おじさんがやさしく微笑んだ。いつの間にか、おじさんの頭上をコトバクラゲが泳いでいた。

「だいじょうぶ。タコジローくんに迷惑はかけないよ」

ぼくたちはコトバクラゲのあかりを頼りに、そのまま沖のほうへ、深く暗いところへと歩いていった。

# どうすれば日記から愚痴《ぐち》や悪口が消えるのか

「さあ、それじゃあ気を取りなおして、日記の話をしよう」

ぼくを励《はげ》ますような張りのある声で、おじさんが言った。

「タコジローくんの日記は、とてもよかったよ。とくにイソギンチャクの草原なんて、すばらしかった。あれはどういうふうに書いたのかな？」

「……おじさんに教えてもらったとおりにやってみたよ。まず、イソギンチャクの草原を見たときに感じた『すごい』とか『きれい』に似たものを探して。そうしたら、おじさんとはじめて会ったときの、おじさんの殻のうえに寝そべっていたときのことを思い出したんだ」

「タコジローくんが『このまま消えてしまいたい』と言っていたときのことだね？」

「うん。あのときに見た海面のきらきらは、イソギンチャクの草原にそっくりだった。その、へんなきれいさがね」

「へんなきれいさ？」

「なんか、シロサンゴとかのきれいさとはぜんぜん違う感じ」

「いいねいいね。『似ていないもの』も考えたんだね」

「それで、イソギンチャクの草原と海面のきらきらの、どこが似ているのか考えたんだけど、『怖さ』だなって思ったんだ」

「怖さ？」

「ずうっと見てるとさ、だんだん意識がぼやけてきて、吸い込まれそうになるんだ」

「イソギンチャクにも、吸い込まれそうだった？」

「うん。わけもわからず飛び込みたくなった。でも、海面のきらきらを見ていたときも、イソギンチャクの草原を見ていたときも、けっきょくおじさんの声に助けられたんだよね。現実に戻されたっていうかさ」

「わっはっはっは。そう言われてみれば、そうなのかもしれないね。それで現実に戻ってみて、どうだった？」

「帰るしかないんだ、って思った」

「ほう。もうすこし詳しく、教えてくれる？」

「なんかさ、テレビとか見てると、いろんなおとなが『つらくなったら逃げてもいいんだよ』って言うんだよね。それでぼくも学校休んできたし。ただ、学校とか、受験とか、友だちとか、どんなに逃げたって逃げきれるもんじゃないし、連れ戻されるんだよね、元いた場所に。だから逃げてもいいけど、いつかは帰らなきゃいけない。やっぱりまだ、中学生だしさ。なんていうか……はやくおとなになりたいよ」

「……自分との対話、しっかりできたみたいだね」

「うん。すこしだけ、できた気がする」

「ほかの日は、どうだった？　5日目と、6日目の日記は」

「それは……その……」

「どうしたんだい？」

「……じゃあはっきり言うけど怒らないでね。ぼく、もう書くの、やめたほうがいいんじゃないかって思ったんだ」

おじさんは、立ち止まってぼくの目を覗き込んだ。

「どうしてそう思ったのかな？」

「さっきおじさんが言った『自分にも言いたくないこと』だよ。書こうとすると、ダメな自分がいっぱい見えてくるんだ。友だちの悪口とか、学校の愚痴とか、お父さんやお母さんへの不満とか、そんなのばっかり浮かんできてさ。もちろん、実際には書かないよ？　自分でもそんなの読みたくないし。でも、悪口がいっぱい浮かんで、なにもかもがいやになるのはほんとなんだ」

「なるほどね」

どこか安心したような顔で、おじさんは言った。

「それは日記を書きはじめたとき、かなりの確率で待っている罠《わな》だ。というのも、ぼくたちはみんな日記に『悩みごと』を書きやすい。自分にとってはそれが、いちばん切実な話題だからね」

「うん」

「そして悩みごとを詳《くわ》しく書こうとすると、どうしても自分を苦しめる『あいつ』や『こいつ』の悪口になっていく」

「そう、すごいわかる」

「あるいは逆に、ひたすら自分を責める日記もある。『なんであんなことをしてしまったんだ』『もうダメだ』『ぼくはバカだ』『生きてる価値なんかない』という感じでね。こういう感情にまかせた自責のことばは、意味の重さに反して、意外とすらすら出てくるものなんだ」

「それもわかる。ことばの勢いに乗せられて、どんどん次のことばが出てくる感じ」

「このとき大切なのは、ネガティブな感情とうまく距離を置くことだ。むしろ、距離を置くためにこそ、書くと言ってもかまわない」

「どうやって距離を置くの？」

「そこで湧き上がったネガティブな感情を、過去のものにしちゃえばいいんだよ」

「過去のもの？」

「たとえば日記に『ぼくはバカだ』と書く。これは『いまの自分』による『いまの気持ち』だよね？」

「うん」

「一方、それを『ぼくはバカだ、と思った』と書く。過去形にしてみる。こうすると、ネガティブな感情と自分のあいだにすこしだけ距離が生まれるだろう？」

「……過去形にすれば、『あのときの気持ち』になるってこと？」

「そのとおり。だから、もしもタコジローくんがだれかの悪口を書きたくなったときには、がまんせずに書いちゃっていいんだよ。ただし、過去形にすること。『トビオくんなんか大嫌いだ！』と書かずに、『トビオくんなんか大嫌いだ、と思った』と書く。それがもう解決したことであるかのようにね」

「それで、気持ちは切り替わる？」

「少なくともおじさんは、うまくいってるよ。過去形で、解決済みのこととして書く。そうすれば『どうして大嫌いだと思ったのかな？』という問いにもつながっていく。自分の問いに答えながら、日記に書いていく。そうやって書き終えたころには、コトバクラゲたちが本棚に整理整頓《せいとん》してくれているさ」

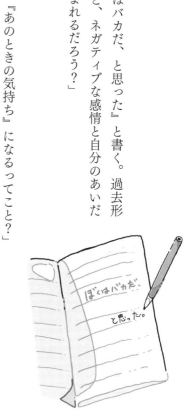

# 悩みごとをふたつに分けて考える

「でもさ、書こうとするから、見たくなかった現実を見ることになるわけでしょ？　知りたくなかった自分のいやな面を、知ることになるんでしょ？　そんなの悩みごとを増やすだけじゃん。だったら最初からなにも書かないほうがよくない？」

「おじさんの考えは逆だな。書いても書かなくても、『そういう自分』はいる。『そういう現実』はある。書くから悩みごとが増えるんじゃない。目に見えていなかっただけで、悩みはすでにあるんだ。そして書くことによって、悩みは解決に向かうんだ」

「解決って？」

「こんなふうに考えてほしい。ぼくたちはいま、たくさんの『悩みごと』が入った箱を持っている。このおおきな箱の中身を、整理整頓したいと思っている」

ぼくは使えなくなったおもちゃがたくさん入った箱を想像した。

「じゃあ、どうやって整理整頓するか。ここでふたつの小箱を取り出そう。『考えごと』の箱と、『心配ごと』の箱だ」

体育祭の天気はどうなるかなあ…
選手宣誓どうしよう….
みんなにどう思われるかなあ…

「考えごとと、心配ごと？」

「たとえばタコジローくんが、体育祭当日の天気について考える。『波がおだやかだったらいいな』とか『嵐が来たらいやだな』と考える。でも来週や再来週の天気なんて、考えたところでどうなるものでもないよね？」

「うん」

「どんなに考えても答えが出ないもの。自分が手出しできないもの。そんな悩みについては『心配ごと』の箱に入れていこう」

「天気のほかに、たとえば？」

「そうだな、『あの子はぼくのこと、どう思ってるんだろう？』という悩みは、わかりやすい『心配ごと』だよね。考えたところで、わかりっこないんだから」

「……うーん。じゃあ『考えごと』は？」

「たとえば、タコジローくんが体育祭当日の選手宣誓について考える。そこでなにを言うのか、どんなふうに選手宣誓するのか考える。これは答えを出せるかもしれないことだよね？　つまり『考えごと』の箱に入れるものだ」

「でも、ぼく選手宣誓のこと心配だよ？　それって心配ごとじゃないの？」

「見分けかたは簡単さ。『いまの自分にできること』がひとつでもあるのなら、その悩みは『考えごと』の箱に入れる。もっと深く考える価値がある。一方、『いまの自分にできること』がひとつもないのなら、その悩みは『心配ごと』の箱に入れてクローゼットにしまう。考えても仕方がない。自分にできることは、なにもないんだからね」

「自分にできることって？」

「考えるとは、答えを出そうとすることだ。悩みの解決に向かうことだ。たとえば選手宣誓について『いやだなあ』『やりたくないなあ』と思うだけでは、なにも解決しない。『いまの自分にできること』を考えてようやく、悩みは解決に向かう」

「じゃあ、選手宣誓について、いまのぼくにできることはあるの？」

「もちろんさ。自分の部屋で練習するのもいいし、イカリくんと話し合うのもいい。あるいは先生に相談してみたっていいわけだしね。書いて、考えていけば、『いまの自分にできること』も見えてくると思うよ」

「いまのぼくにできること……」

「将来のタコジローくんじゃなく、いまのタコジローくんにできることを考える。そこ

どうしよう…

体育祭の天気はどうなるかなあ
みんなにどう思われるかなあ

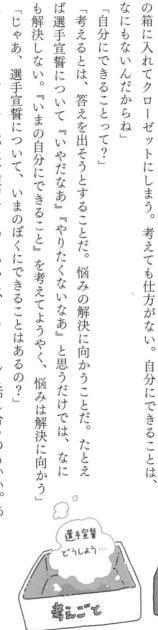

で出た答えを、実際にやっていく。そうすると悩みの泡は、片づいていくはずさ」

## その「ぼく」を「だれか」にしてみると

ぼくは「考えごと」の箱と「心配ごと」の箱を思い浮かべた。

たしかに来週の天気みたいな話は「心配ごと」の箱に入る。そして選手宣誓のこととか受験のことはきっと「考えごと」の箱に入るのだろう。ちゃんと考えて、そろそろ進路も決めなきゃいけない。でも、あれはどうなんだろう。あれは、どっちの箱に入るんだろう？

（いじめないでよー）

タコの絵が落書きされた、くしゃくしゃの教科書が目に浮かんだ。

「……でも、ぼくの悩みは『考えごと』でも『心配ごと』でもない気がするな」

「どういうことだい？」

「ぼくにとってのいちばんの悩みは、ぼくがタコだってことなんだもん。タコだから、顔が赤くなったり、墨が出ちゃったりするんでしょ？　それってもう、どうしようもないことじゃん。どれだけ書いても考えても、ぜったい解決しないじゃん。だからぼく、ずっと悩み続けると思う。ずっと自分のことが嫌いなままだと思う。おじさんみたいに、幸せなヤドカリにはわからないだろうけどさ」

「……なるほど。タコジローくんは、自分がタコであることに悩んでいる。タコじゃなければよかったと思っている。でも、おじさんはタコってカッコイイと思うけどな。手脚がたくさんあって、からだも柔らかくて、自由にすいすいと泳げて、墨みたいな必殺技もあって。タコジローくんも、もうすこし自分を客観的に見てみたら、気持ちが変わってくるんじゃないかな」

「自分を客観的に見る？」

「うん。自分のことを、物語の主人公みたいにして見るのさ」

「どうやって？」

「自分の書いた日記に、ちょっと手を加えてあげるといいんだよ。たとえば4日目、イソギンチャクの草原に行った日の日記を見てみよう」

おじさんは、ぼくのノートをパラパラめくった。

「そう、この冒頭部分あたりはちょうどいい」

《ヤドカリのおじさんに連れられて、ぼくはアカサンゴの森を進んでいった。この森に入るのは、はじめてのことだった。学校でも、地域の集まりでも、この森に近づいちゃダメだと何度も言われてきた。ふと振り返ると、入口はもう見えない。ここでおじさんとはぐれたら二度と出られないかもしれないな、とぼくは思った。》

「この日記のなかでタコジローくんは、自分のことを『ぼく』と呼んでいるね？」

「うん。だって、ぼくだから」

「じゃあ、自分の呼び名をこんなふうに変えてみたら、どうなる？」


《ヤドカリのおじさんに連れられて、タコジローはアカサンゴの森を進んでいった。この森に入るのは、はじめてのことだった。学校でも、地域の集まりでも、この森に近づいちゃダメだと何度も言われてきた。ふと振り返ると、入口はもう見えない。ここでおじさんとはぐれたら二度と出られないかもしれないな、とタコジローは思った。》

「あれえええ？」

「たった2箇所、日記のなかにあった『ぼく』を、『タコジロー』に変えてみた。ほかはひと言もいじっていない。さあ、読み比べてどう思う？」

「すごい。なんか、ちょっと……小説みたいだ」

「おもしろいよね。文法的な話をすると『ぼく』は一人称《いちにんしょう》で、『タコジロー』は三人称だ。そして日記はふつう、一人称で書かれる。そうやって書いた日記を、三人称に書き換えるだけで、ここまで印象は変わってくる」

「へえー。すごい、おもしろい。ちょっと、自分じゃないみたいだ」

「ここに入れる名前を架空《かくう》の名前にしたら、もっと自分じゃないみたいになるよ。たとえばこんな感じでね」


**《ヤドカリのおじさんに連れられて、ハゼゴローはアカサンゴの森を進んでいった。この森に入るのは、はじめてのことだった。学校でも、地域の集まりでも、この森に近づいちゃダメだと何度も言われてきた。ふと振り返ると、入口はもう見えない。ここでおじさんとはぐれたら二度と出られないかもしれないな、とハゼゴローは思った。》**

「うひゃー。こうしたら、もうぜんぜん自分じゃないみたいだよ」

「でも、森を泳いでいるのは自分だ。タコジローくんの分身、ハゼゴローだ。こんなふうにすると、自分のことを物語の主人公みたいに思えないかい？」

「……思える、かも」

「ポイントを挙げるとしたら、あらかじめ文章のなかに一人称の『わたし』や『ぼく』を、ちょっと多めに入れておくことだ。そして日記を書き終えたら、その一人称を『ハゼゴロー』みたいな三人称に変換する。変換して不自然なところは、その場で整えていく。それだけで『わたし』や『ぼく』は、冒険の主人公になってくれるはずだよ」

## 日記のなかに生まれる「もうひとりの自分」

日記のなかの「ぼく」を、違うことばに変える。たしかにそうすると、自分じゃないみたいに思える。小説やなにかの主人公みたいに思える。びっくり仰天《ぎょうてん》だ。でも、なにか心に引っかかった。ごまかされているようなもやもやが、拭《ぬぐ》えなかった。

「……なんか嘘くさい。こんなの、ことばでごまかしてるだけだよ」

「ごまかしてる？」

「だってさ、いくら自分をハゼやクジラに書き換えたところで、現実のぼくはタコのままなんだよ？　みじめなタコがそこにいるんだよ？　悩みなんて、晴れるわけないじゃん！」

「そうかな？　たとえばタコジローくんが自分の日記を、『ハゼゴロー』の物語として読むとするよね？」

「……うん」

「日記のなかの『ハゼゴロー』は、たくさんのことを考えている。毎日いろんなことが起こるだろうし、考えるだろう。ひとつの悩みを何週間も抱えていることもあれば、先週の悩みなんてすっかり忘れていることもある。おいしいおやつによろこんだり、友だちとケンカして落ち込んだり、毎日いろいろだ」

「まあ、まとめて読んだらそうなのかもね」

「そんなふうにして振り返っていくとさ、『ハゼゴローっていいやつだな』と思えたり、『ハゼゴロー、すごくがんばってるな』とか『けっこうたのしそうにしてるじゃん』と思えたりするものなんだ。あとはハゼゴローの抱えている悩みが、とてもちっぽけなものに思えたりね」

「自分の悩みなのに？」

「ああ。ただしこれは、1回や2回書くだけの作文では意味がない。毎日続ける日記だからこそ、できることなんだ」

「どうして？　どうして日記じゃないとダメなの？」

「日記って、自分以外のだれも読まないものだろ？」

「うん」

「つまり日記は、嘘をつく必要がない場所なんだよ。いい子ぶる必要もないし、かっこつける必要もない。まっさらな自分をことばにできる、唯一《ゆいいつ》の場所なんだ」

「……でも、ぼく、嘘はついてないけど、ほんとの本音までは書いてないよ。その、アナゴウくんの悪口を書きたくなったのに書くのをやめたり、トビオくんの話もちょっとことばを濁したり」

「そうだね、いきなり本音を書くのはむずかしい。だけど、毎日書いてごらん。嘘をついたり、かっこつけたり、本音を隠したりしていたら、とても毎日は続かないから。毎日続けていけば、余計な飾りがとれて、かならずまっさらな自分になっていくから。これは日記の、とてもすばらしいところだ」

「毎日続けるだけで？」

「ああ。はっきり言うよ。ぼくたちは読書感想文で、嘘をつく。作文のなかで、嘘をつく。それはもう、避けられないことだ。なぜ避けられないのか。学校の先生や友だちが読むからだ。それが評価の対象になっていて、評価を気にして書くからだ」

「作文は……嘘」

「だれかの目を気にした、つくりごとだ。だからこそ、自分以外のだれも読まない日記を、続けていく。ほめられるためでもなく、腕を競うわけでもなく、目的なんか取っ払《ぱら》って、ただ続けていく。そんな日記を何年も続けていったら、どうなると思う？」

「……どうなるの？」

「日記のなかにね、『もうひとりの自分』が生まれてくるんだ」

「えっ？」

「そしてだんだんと、そこにいる自分のことを好きになっていくんだ。これは正真正《しょう》銘《めい》、ほんとだよ」

「もうひとりの自分って？」

「学校の自分とも、
家のなかの自分ともちょっとだけ違う、
　タコジローくんしか知らない、
　もうひとりの自分だ。

みんなの前ではおとなしかったとしても、
日記のなかではたくさんしゃべる。
　自分の思いを、だれに気《き》兼《が》ねすることもなく、
自由にことばにしている。
しかもそれは、ニセモノの自分じゃない。
　ほんとうに存在する、なんの嘘もついていない、
　もうひとりの自分だ。
少なくとも日記を開けば、『彼』がそこにいるんだ」

まっ暗な海のなか、なにも見えないはずの視界が、突然明るくなった気がした。

おじさんが日記をすすめる理由が、ようやくわかった気がした。

イカリくんといるときの自分。トビオくんといるときの自分。アナゴウくんといるときの自分。お父さんやお母さんといるときの自分。同じ「ぼく」でも、ぼくはひとりじゃない。それぞれの場所に、違った「ぼく」がいる。そして日記を書き続けていけば、そこに「もうひとりの自分」が生まれるんだ。教室にいる自分のことを好きになれなくても、「日記のなかの自分」のことを好きになることは、できるんだ。ダンジョンを進んだ先に待っているラスボスは、ドラゴンじゃなくて自分なんだ。


「……さあ、そろそろ目的地だ。一緒に降りていこう」

おじさんは、おおきな段差を飛び降りて、ふわっと海の底に降り立った。地面から、粉状の砂が舞い上がる。続いてぼくも、段差を飛び降りた。コトバクラゲが照らした先から、紺色《こんいろ》の水が湧き出ているのが見える。おじさんは殻のなかからガラスの小瓶《こびん》を取り出すと、紺色の水をそこに汲《く》みとった。

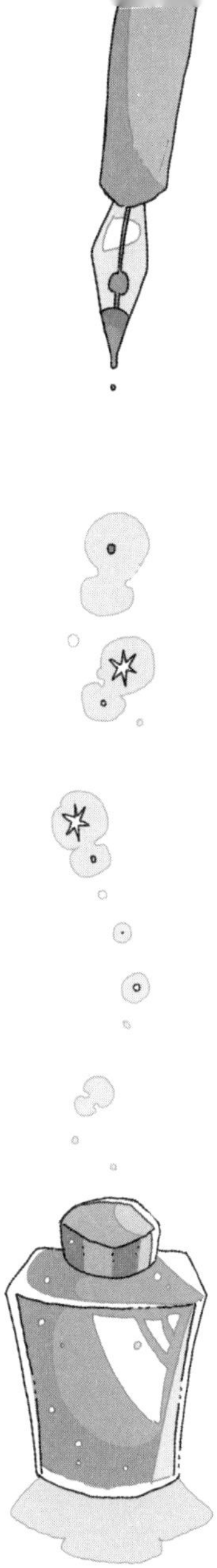

「……その水は、なに？」

「海の底から湧き出る、青インクの泉さ。天然物の青インクは最高だからね」

するとコトバクラゲが、万年筆を持ってきた。真珠の飾りが埋め込まれた、あの古めかしい万年筆を。

「この万年筆はね、おじさんが中学生のとき、ウミガメのおじいさんからもらったものなんだ。１００年以上前の年代物らしい」

そしておじさんはインクの小瓶と万年筆を、ぼくに手渡した。

「さあタコジローくん、書こう。この万年筆で、もうひとりの自分に出会えるまで、書き続けてみよう。きっとこいつは、シェルフォン以上の相棒になってくれるから」

「い、いや、そんな大切なものを……」

「だいじょうぶ。もうひとりの自分に出会えたときには、まただれかに譲《ゆず》り渡してくれたらいいさ。書くことを必要としている、未来のだれかにね」

タコジローの日記

# 約束の7日目　9月13日(水)

きょうは朝から、おじさんを訪ねた。ウツボリくんに撮られた写真のことを報告して、これからについて相談しなきゃいけないと思ったからだ。

おじさんが看板に書かれた「不審者」なのは、間違いなかった。でも、それはみんながおじさんのことを知らないだけだ。お父さんだってお母さんだってカニエ先生だって、どこかの外国を歩いていたら不審者扱いされるに違いない。

ほんとうはここに、海の底でおじさんと語り合ったことを書きたかった。日記を書く意味について、もらった万年筆について、書いておきたかった。でも、たくさんのことが起こりすぎて、いまは頭が混乱している。

おじさんと語り合って、公園まで戻って、バスに乗ったあと、ぼくはシェルフォンを開いた。電話やメッセンジャーの着信はなかった。グループチャットのほうには５００件以上の「未読」がついていた。いちいち追いきれない。

いちおう既読にしておこうとアプリを起ち上げたところ、「バズってる」という文字が目に入った。バズってる？

「やば、超バズってるんですけど」
「どこまで伸びる？」
「マジで逮捕あるって」
「ウツボリすげえじゃん」

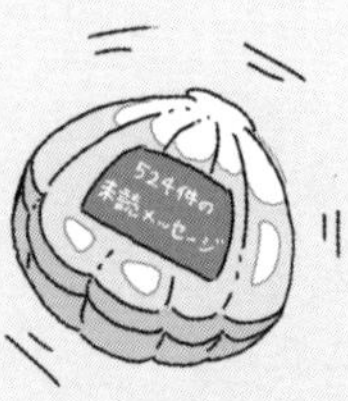

「ピンクの殻が超あやしいWWW」

「タコジロー生きてるか？」

ウツボリくんが、ぼくとおじさんの写真をSNSに投稿していた。わざわざ手配写真と並べて「うみのなか市民公園で手配中の不審者発見？」と投稿していた。その投稿はバズりまくっていた。

シェルフォンを持つ手が震え、心臓がばくばく脈打った。コメント欄を見ると、たくさんのウソが並んでいた。このヤドカリは誘拐犯だとか、行く先々で子どもを連れ去っているだとか、一緒に歩いているタコも行方不明だとか、じつは隣のタコは共犯だとか、誘拐した子どもをサメのギャング団に売り渡しているだとか、ひどいウソであふれていた。

バス停で降りたあと、思いきってウツボリくんに電話しようかと思った。どうしてこんなことをしているのか、ぼくのなにが気に入らないのか、どうすれば写真を削除してくれるのか、直接聞いてみようかと思った。着信履歴のいちばんうえに残っているのは、おじさんと最初に会ったあの日、見知らぬ番号からかかってきた電話だった。そういえばあれは、だれの電話だったんだろう。カニエ先生でも、お母さんでも、学校のだれかでもなさそうだ。ウツボリくんに隠し撮りされたみたいに、だれかに見張られている気がする。ぼくの知らないところで、なにかいやなことが起きてる気がする。

家に帰ると、お母さんが先に帰っていた。お母さんはきょう、ぼくが学校を休んだことを知らない。

「おかえり。早かったのね」

うん、とだけ答えて自分の部屋に向かった。あと何日もしないうちに、お母さんたちもあの写真を目にするだろう。あのヤドカリはだれなのか、どうして公園にいたのか、一緒になにをしていたのか、いろいろ聞かれるだろう。ウツボリくん、なんてことをしてくれたんだ、と思った。あのバカ、と思った。

おじさんの万年筆は、ちょっと書きにくい。

# 約束の8日目　9月14日（木）

そういえばきのうの日記で、書きはじめてからちょうど1週間になった。

最初は3日続くかどうかもわからなかったけれど、いまのところ飽きずに続けられている。きっとそれも、おじさんやイカリくんとの約束があるからだろう。

朝、学校に着いて教室の扉を開けたとたん、「おーっと、重要参考人のお出ましだ」とトビオくんが大声をあげて飛びついてきた。サメジマくんやほかの男子たちも、あとに続く。

「てめー、市民公園でなにしてたんだよ。あのヤドカリ、なんなんだよ」

ぼくはバスを乗り過ごしたので、そのまま市民公園まで行ったこと、そして一緒にいたおじさんは不審者じゃないこと、たまたま公園で一緒になっただけで、名前さえも知らないこと、などを話した。まじめな話、どれもウソじゃない。

「へえー。そのわりにはお前、すげーたのしそうに話してたじゃん」

ウツボリくんが横から顔を出す。サメジマくんにぴったりとくっついたウツボリくんに、トビオくんが「だよな？　ウツボン、見たんだよな？」と合いの手を入れる。どうやらウツボリくんはこの写真で、グループの正規メンバーに格上げされたらしい。なんだか急に、ぜんぶが子どもっぽく、ばかばかしいものに感じられた。

「動画も撮ったの？」

ぼくの質問に面食らったウツボリくんは、「し、質問してるのはこっちだよ！」と歯をむき出しにして怒鳴った。ことばの暴力でごまかそうとしているわけだ。こうやってみんなに取り囲まれたとき、フグイさんやクマダイさんらの女子は、大抵トビオくんたちに軽蔑の目を向ける。けれどもきょうは1日中、ぼくに対して疑いの目を向けていた。

学校の帰り、イカリくんの病院に寄った。1週間ぶんの日記を渡すためだ。日記はその場で読ませるだけではなく、ぜんぶ手渡す。そのためぼくは、日記のコピーを渡すことにした。面倒くさいけれど、そうすべきだと思った。イカリくんには、持っていてほしいと思った。

病院の受付を通りかかると、イカリくんはリハビリ室にいると教えてもらえた。リハビリ室には患者しか入れないから病室で待つように、とのことだった。だれもいない病室は、なんとなく消毒の匂いがした。ベッド横のテーブルには、ぼくが差し入れた本のほか、教科書とノート、病院のパンフレットが置かれていた。ぼくはまるい椅子に座って、テーブルに置かれていた国語の教科書を手に取った。とくに理由もなく、手に取った。

「おう、来てたのか」

開けっぱなしだったドアの入口に、松葉杖をついたイカリくんが立っていた。

教科書をベッドに置いて歩み寄ると、イカリくんはぼくを制して「読んだのか？」と言った。

「えっ、なにを？」

「読んだのか？」

視線をテーブルに向けてもう一度イカリくんが言う。ぼくは教科書を勝手に読ませてもらったことを謝ったけど、教科書のことではなさそうだった。イカリくんはなにも言わないままベッドのほうまで進むと、ちいさなため息をついた。

「ま、どっちでもいいんだけどさ」

ベッドに腰掛けたイカリくんがぼくにも座るよう、目で促す。

「さっき看護師さんに聞いたんだけど、再手術なくなったんだってね」

気まずくなった雰囲気をやわらげようと、ぼくは話題を切り替えた。けれど、それはいかにもその場を取りつくろうようなわざとらしさがあって、余計にふたりを気まずくさせるだけだった。

「……あと半年か」

突然、イカリくんがつぶやいた。

「いや、来週には退院できるんでしょ？」

ぼくのことばに、イカリくんは心底あきれたような表情で言った。

「ちげーよ、バーカ。卒業まで、あと半年だって言ってんの」

きょうのイカリくんは、ずっとなにかにイライラしていた。

「なげーぞ、ここからの半年は」

「どういうこと？」

「……日記、持ってきてくれた？」

ぼくはあわててかばんからプリントの束を取り出した。ギスギスした感じに気圧されて、日記のことをすっかり忘れていたのだ。

「これ、きのうまでの1週間ぶん。読んでおもしろいかどうかはわからないけど」

受けとったイカリくんは、パラパラとめくりながら「あとで読むよ」と言った。

「さすがに目の前で読まれるのは、いやだろ？」

「あっ……うん」

そしてプリントの束をテーブルに置くと、「なんだ。ほんとに読んでないのか」とつぶやいた。

「なにを？」

「これだよ」

そう言って、テーブルに置かれていた青いノートを手に取る。

「おれも書くことにしたんだよ、日記」

ええーっ？　めちゃくちゃおどろいた。イカリくんが、日記？

「ただし、おれのは完全に自分用。半分以上はリハビリの記録。タコっちに読ませるつもりはないよ」

「でも、どうして日記を？」

「タコっちの話を聞いて、なるほどなって納得したんだよ。リハビリの記録と、あと卒業までの記録と、どっちも書いてたほうがいいだろうなって」

イカリくんはきっと、高校に上がってからもサッカー部に入るつもりだ。リハビリのメニューとか、お医者さんのアドバイスとかを記録しておけば、それが高校生になってからも役立つ。ぼくの日記とは種類が違うけど、とてもイカリくんらしいなと思った。仲間ができたみたいで、うれしかった。

それにしてもイカリくんは、どうしてあんなにイライラしていたんだろう。リハビリでなにかあったのかな。病室を出ていこうとしたぼくに、イカリくんは「でもな、こっからの半年間はマジでなげーぞ」と付け加えた。

## 約束の9日目　9月15日(金)

ほんとはきのうのうちから、わかっていたんだ。病院からの帰り道、ぼくは思った。前におじさんが言ったとおりだ。わかっていたけど、わからないふりをしていた。見たくないから、見ないふりをしていた。いまのイカリくんが置かれた立場。イカリくんが退院したあとのこと。イカリくんが言っていた「半年」の意味。ぼくはあえて深く考えないまま、ほったらかしにしていた。けれど、イカリくんはしっかり現実を直視していた。

学校を終えて病院に向かうと、ベッドに腰を下ろしたイカリくんは、「読んだよ」と言った。日記のことだ。

「おもしろいよな。自分がいない教室を、隠しカメラで覗き見してるみたいで。それに、自分が出てくるところもなんだか、へんな感じでおもしろかったよ。自分がどんなやつで、どんなふうに見えているのか、ちょっとわかった気がする」

「ぼく、へんなこと書いてなかった？」

「ぜんぜん。おもしろかったよ、ほんとに。予想どおりだったことも、ぜんぜん知らなかったことも、たくさんある。これからもずっと書いて、ずっと読ませてくれよ。少なくとも卒業するまでのあいだはさ」

「長い半年……ってやつ？　やっぱり、リハビリって大変なの？」

イカリくんは、おおきくため息をついた。

「お前、逆にすげえな。これだけしっかり日記を書いてるのに、ぜんっぜんわかってないんだな」

「えっ？　なにが？」

そこからイカリくんは、ゆっくりと、ていねいに説明してくれた。

来週自分は退院する。でも、しばらくは松葉杖だし、卒業するまでまともに運動できない。それでサメジマやトビオは、自分のことをシカトする。もしかすると、いじめてくるかもしれない。どうせ自分はからだが動かせず、反抗できない。だからあいつらは、ぜったいになにかしてくる。それがイカリくんの説明だった。

「ええーっ？　イカリくんを？」

ぼくはほんとうにおどろいて、おおきな声を上げた。ぼくの日記の書きかたが、イカリくんをそんなふうに思わせてしまったのだろうか。

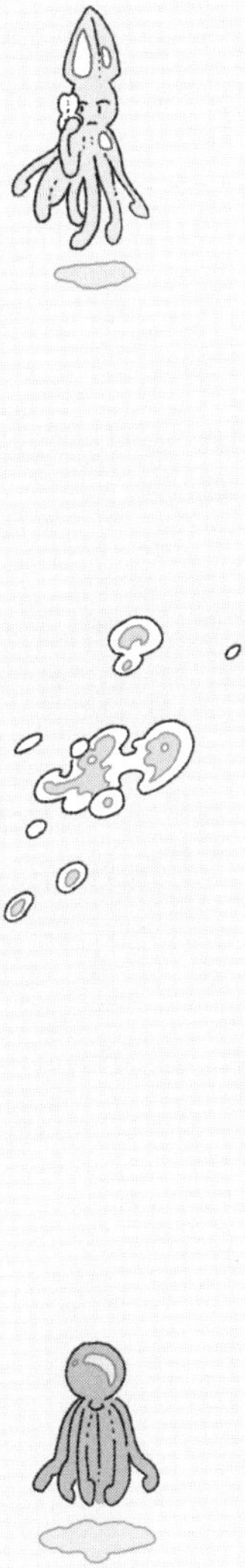

「間違いないよ。うちのクラスは、もうサメジマが王さまなんだよ。そしてサメジマが王さまでいるためにいちばんジャマな存在といえば、おれなんだ。おれを端っこに追いやっておけば、サメジマもトビオもみんな卒業まで安心できる。こんな言いかたしたくないけどさ、おれを『タコジロー組』に入れて笑うんだと思うよ。ちょうど、ヤドカリおじさんのこともあるしな。おれだって、グループチャットは読んでるんだぜ？」

そうか。あの一連をイカリくんが読んでいること、ぼくはすっかり忘れていた。でも、いまはおじさんのことはどうでもいい。聞き逃したままになっていたけど、ぼくにはどうしても聞かないといけないことがあった。

「イカリくんはなんで、ぼくにやさしくするようになったの？　どうして急に『タコっち』が戻ったの？　なんで一緒に選手宣誓しようって言い出したの？」

「そりゃ、タコとイカは親戚みたいなもんじゃん？」

「まじめに答えてよ！」

「おれのなかでタコっちは、ずっと『タコっち』だったよ。中学に上がってからほとんどしゃべってなかったっていうだけでさ」

「でも、イカリくんはぼくのこと……」

「だったらお前、なんであのとき電話に出なかったわけ？」

「電話？」

「タコっちが学校休んだとき、おれ電話したじゃん」

「ええっ？　あれってイカリくんだったの？」

おじさんの殻のうえで寝そべっていた、あのときの２度の着信。履歴のいちばんうえにずっと残っていた、あの番号。あれは、イカリくんからの電話だったのだ。

「まさかお前、おれの番号、登録してないの？」

　ぼくはイカリくんの番号を知らなかった。登録しようとも思わなかった。シェルフォンを持たせてもらえたときには、もう関係の糸が切れたんだと思い込んでいたし、直接イカリくんに聞くわけにもいかないと思っていた。

「……ごめん」

　なさけなくて、恥ずかしくて、ぼろぼろと涙がこぼれた。イカリくんのことを勘違いして、イカリくんを遠ざけていたのは、ぼくのほうだったのだ。

「べつに謝らなくていいよ。おれだってトビオの計画に乗って、いろいろやっちゃったんだし。それに、いちばん最初におみまいに来てくれたのはタコっちだからな。しかもひとりで来てくれた。それでおれ、タコっちすげえなって思ったんだ。もしも逆の立場だったら、おれぜったい行ってないと思うしさ」

「心配だもん……それは」

「だから決めたんだよ。クラスのみんながどう思ったってかまわないから、いっちょ『タコジロー組』に入ってみようってさ」

　イカリくんはそう笑ってみせると、赤くなった目をこすった。

「でも、ここからの半年はマジで大変だぞ。とくにタコっちは、これまで以上に、いじめられる。ヤドカリのおじさんのこともあるしな。あれから写真はどうなったんだよ」

　ぼくは、先生たちはまだ知らないことを伝えた。トビオくんとウツボリくんはいろいろ言ってきてるけど、もう投稿もバズっていない。うまくいけば、おじさんは捕まらずにすむ。だからあした、あたらしい貝殻を探しに行こうと思っている。白でもピンクでもない貝殻を、見つけてこようと思っている。そんな話をした。

「でもさ、ぼくはいいけど、イカリくんはだいじょうぶ？　ぼくと一緒にいて、みんなからバカにされたりして、だいじょうぶ？」

「だから日記をつければいいんだろ？　3年経って読み返したらぜんぶ笑い話になってるって、ヤドカリのおじさんが言ったんだろ？　だったら、せっせと笑い話のタネを蒔いていけばいいじゃん、半年でも3年でも。どうってことないさ、おれのリハビリと一緒だよ」

「イカリくんは3年後、笑ってる自信あるの？」

「もちろん」

イカリくんは顔を上げて言った。

「じゃないと、中学生なんてやってらんないよ」

# 章
# だった日記が
# になる日

# 6 「書くもの」「読むもの」

## どうして日記は長続きしないんだろう？

「……イカリくんは、つよい子だね」

おじさんはぼくの日記を読み終えると言った。

「うん、自慢の友だち」

ぼくはとても誇らしい気持ちになって胸を張った。

「そうか。タコジローくんは最初、自分にはほんとうの友だちがいないと言っていたけれど、ちゃんといたんだね」

「うん、いた。あたらしい友だちが『できた』んじゃないよ。ずっと前から、ほんとうの友だちがいたんだ、ぼくにも」

「ああ、すてきな友だちだ。うらやましいくらいだよ」

公園でおじさんは、海藻の茂みのなかに隠れていた。

もう、シロサンゴやアカサンゴの森に誘うこともない。出歩くことさえむずかしいのか、「きょうはひさしぶりにおじさんの部屋で話そう」と言ってきた。「このピンクの家に入るのは、はじめてだったろ？」と笑って。

招かれたおじさんの部屋は、相変わらず海よりも広かった。ただ、前の部屋と違っていくつもの窓があり、光が差していた。

「今度の家は、窓がたくさんあるんだね」

「まあ、家とは言ってもおじさんの頭のなかだからね。いまは状況が状況だけに、すこしだけ意識を外にも向けて、警戒《けいかい》してるんじゃないのかな。周囲の音を聞き漏らさないようにさ」

そんなふうにずっと気を張っているのは疲れるだろうな、と思った。ウツボリくんに撮られた写真のせいで、なんだか申し訳なかった。

「それで、タコジローくんの日記。万年筆もちゃんと使ってくれてるね。そして中身も、だんだんと自由になってきている。なにか意識しながら書いたのかな？」

「うーん、あんまり。やっぱり1分間の出来事を1時間に引き伸ばして書く、みたいなのはまだまだむずかしいかな。ただ、写真をSNSに上げられたときにはウツボリくんの悪口を書きたくなったんだけど、

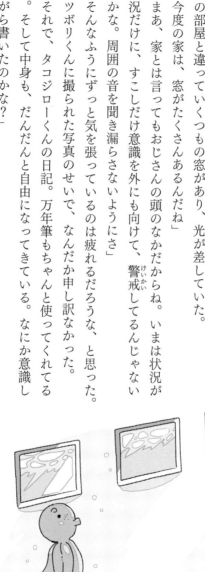

『と思った』と書くようにしたよ」

「そう書いてみて、どうだった？」

「なんか、ことばが止まって、感情が止まる感じだった。ふつうに『バカ、バカ、バカ』みたいに書いていったら、たぶん感情が止まらなくなったと思う。でも、『あのバカ、と思った』って書いたら、そこで止まるっていうか、暴走していかない感じだった」

「うんうん、いいね。ほかには？」

「あと、ぜんぶを書かなくていいって思えてるのはすっごいラク。朝からの出来事を順番に書いたりしないで、『あの場面』や『この場面』だけを書けばいいんだって割り切ったら、だいぶたのしくなってきたよ」

「おおー、それはよかった。イカリくんの約束どおり、卒業まで続くといいね」

「この調子で続けられるかな？」

「どうだろう。タコジローくんはこれまで、なにか習いごとをした経験はあるかい？」

「小学生のとき、いくつかやったよ。そろばんとか、ピアノとか、あとフットサルに通ったこともある」

「何年も、続けられた？」

「ううん。ピアノは半年しか続かなかったし、フットサルなんて3回行っただけでやめちゃった。卒業まで続けられたのは、そろばんだけだった」

「どうしてそろばんだけ続いたんだろう？」

「うーん。性格に合ってたのかなあ」

「おじさんはね、こんなふうに思うんだ。なにかを継続《けいぞく》させようとするとき、ぼくたちの心を支えてくれるのは『成長している実感』じゃないのかって」

「成長している実感？」

「ああ。先月の自分より、ちょっと『できること』が増えている。先週の自分より、ちょっとうまくなっている。きのうはできなかったことが、できるようになっている。そういう成長の実感があってこそ、ものごとは長続きするんじゃないかな」

たしかにピアノやフットサルについて、うまくなってる実感はまったくなかった。やってもやってもうまくいかず、イライラしたし、飽きてきた。一方でそろばんは、やればやるだけ結果がついてきた。検定試験もあったし、賞状をもらえたりもした。

「わかる気がする。ぼくのそろばんは、たしかにそうだった」

「その意味で言うと、日記にも『成長している実感』があると続けやすいよね？　前よりもうまくなったとか、たのしく書けるようになったとか」

「うんうん」

「ところが文章って、成長を実感するのがものすごくむずかしいものなんだ。ピアノと違って『この曲を弾けるようになった』もないし、そろばんみたいな検定試験もない。フットサルみたいな勝ち負けもない。しかも日記は、自分しか読まない。ほかのだれかがほめてくれることも、点数をつけてくれることもない」

「だからみんな、日記が長続きしないの？」

「それはおおきいだろうね。なんの手応えもないまま、ただ書き続けるんだからさ」

「だったら、ぼくも続かないよ。成長してる実感なんてないもん」

「いや、だいじょうぶだと思うよ。タコジローくんはもう、続けるための答えを知ってるはずだからさ」

「えっ⁉」

「最初に約束したじゃないか。『ひとまず10日間書いてみよう』って。それがおじさんの答えさ」

## わかり合うとは、どういうことか

「10日間書くことが答えなの？」

「タコジローくんの日記は、いま9日目まで進んでいるんだよね？」

「うん。今晩書いたら、約束の10日になる」

「じゃあ、それを書き終えたときにわかるんじゃないかな。まずは書いてみることだよ。書けばわかるからさ」

おじさんはどうも、それ以上は話さないつもりみたいだ。自分からこんな話題を振っておいて、ずるいじゃないか。

「おやおや。……なんだか、納得いかないみたいだね？」

「そりゃそうだよ！　目の前に差し出されたおやつを取り上げられたみたいなもんさ。こっちは食べる気満々だったのに。それに、いまの『やればわかる』みたいな言いかた、ぼくはあんまり好きじゃないな。あんだけ『ことばを決めるのが早すぎる』とか言っておきながら、おじさんのほうがことばをサボってるじゃん」

「ああー、なるほど。……うん、それはまったくタコジローくんの言うとおりだ」

おじさんは立ち止まって宙を見上げると、ひとり何度も頷いた。

「そうだな、いまのはおじさんがよくなかった。たしかにことばをサボっていたね。指《し》摘《てき》してくれてありがとう」

「……い、いや、お礼を言われるようなことじゃないけど」

「じゃあさ、これからおじさんは『日記を書き続ける方法』について、自分なりにことばにしてみようと思う。よかったら話し相手になって、手伝ってくれないかな？」

「そうこなくちゃ！」

するど目の前に、おおきな泡のかたまりが現れた。コトバミマンの泡だ。そしてその上空を、たくさんのコトバクラゲたちが待ちかまえている。もう、なにもおどろかない。この泡がぜんぶ消えてなくなるまで、おじさんと語り合うんだ。

「たしかにおじさんは、『書けばわかる』なんて、突き放した言いかたをした。ごまかしたつもりはないんだ。実際、10日間も書いていけばわかるものだし、書かなきゃ理解できない部分もある。いろいろ口で言うよりも、書いてもらったほうが手っ取り早いと思ったんだ」

「うん、そうなんだと思う」

「問題はこの『手っ取り早い』という考えかただ。たとえばいま、ぼくたちはおしゃべりをしている。ことばを使ったコミュニケーションで、わかり合おうとしている。そうだよね？」

「うん」

「でもさ、わかり合うためには、ふたつの努力が必要になるんだ」

「ふたつの努力？」

「ああ。ひとつ目は、語り手側の『わかってもらおう』とする努力だ。相手にわかってもらうために、よりていねいで、けれどもシンプルに、ことばを選び、語る順番を選びながら、ものごとを伝えていく。おしゃべりのなかでも、文章を書くうえにおいても、この努力を怠《おこた》ってはならない」

「うん」

「そしてもうひとつが、聞き手側の『わかろう』とする努力だ。相手の言ってることに耳を傾けて、ちゃんと頭を働かせて、足りないことばは自分で補ったりしながら『わかろう』とする。これは本を読むときも一緒だよね」

「あー、たしかに。ぼんやり読んでたって、なんにも頭に入ってこないもんね」

「語り手側の『わかってもらおう』とする努力。そして聞き手側の『わかろう』とする努力。このふたつが重なり合ったとき、ようやく『わかり合う』という状態が生まれる。まるでふたりが、歩み寄って握手《あくしゅ》するみたいにね」

「そっかそっか。片方がじっと動かないままだったら、握手できないんだね？」

「そう。さっきのおじさんは、まさにそれだった。せっかくタコジローくんが『わかろう』と歩み寄ってきてくれたのに、おじさんは一歩も動かないまま、手だけを差し出していた」

「握手したいならもっと歩み寄ってこいよ、って感じで？」

「結果としてはそうだったたね。タコジローくんが目の前のおやつを取り上げられたような気分になったのも、当然のことだ」

「……でもなあ。そんなふうに聞くと『わかり合う』ってことが、超レアケースに思えてくるなあ」

「そうだね。自分ひとりが努力しても、できないことだからね」

「ぼく、クラスのみんなもそうだし、お父さんやお母さんとも『わかり合う』はできてない気がするな。手が届かない場所で握手のふりだけしてるっていうか」

「それはタコジローくんにかぎった話じゃないと思うよ。そうやって握手するふりだけしてたほうが平和だしさ」

「平和って？」

「たとえば相手が『わかろう』としないとするだろ？　聞く耳を持たないで、こちらの話を無視してばかりで。このとき、無理やりにでも『わからせてやる！』って突っ込んでいったら、それはただのケンカになっちゃうんだ。ケンカって、お互いの『わからせてやる！』がぶつかり合ってる状態だからね」

「あー、なるほど！　そうか、『わからせてやる！』が激突してるのか」

「だから、もしタコジローくんが自然と歩み寄って、自然と握手できるだれかを見つけたなら、それは親友って呼んでもいいんじゃないのかな」

イカリくんは親友なのかな。イカリくんにとってのぼくは、親友なのかな。親友ってことばはちょっと重たい気がするけど、イカリくんと握手する姿は自然と思い浮かべることができた。

「そして――」

おじさんは改まった口調で言った。

「いまの話は毎日の日記にも、通じるものなんだ」

# もしもそこに読者がいなかったなら

「日記に？　親友の話が？」

「いやいや、『わかってもらおう』とする努力の話さ。おじさんはこれまで、何度となく『どんな文章にも読者がいる』って言ってきたよね？　たとえ個人的な日記やメモであっても、かならず読者はいるんだって」

「うん、言ってた」

「これについては、理解しづらい部分も多かったと思う。たとえば、だれに読ませることのない日記にも『未来の自分』という読者がいる。これは理屈としては理解できても、なかなか実感のむずかしい話だ」

「……そうだね。正直ぼくもまだ、よくわかんない。ぼくの日記にはおじさんやイカリくんという読者がいてくれるからいいけど」

「でもさ、仮に『読者がひとりもいない日記』なんてものがあったら、どうなると思う？　つまり、自分も読まないし、ほかのだれかも読まない。ただ書かれて、ただ捨てられていくだけ、っていう日記があったとしたら」

「うーん。ほとんどの日記はそれに近いような気もするけど……」

「そうするとね、『わかってもらおう』としなくなるんだ」

「……あっ‼」

「日記の向こうに、それを読んでくれる相手がいない。自分の気持ちを伝えるべき相手がいない。だったら、ことばを尽くして『わかってもらおう』とする必要がない。結果としてものすごく雑な、ただ自分の感情を吐き出すだけの日記になってしまう。流れのある文章ですら、なくなってしまうんだ」

「それ、すごくわかる！　ぼくも去年、ノートに書いたことがあるんだ。『くそ、くそ、くそ』とか『みんな嫌いだ、大嫌いだ、みんな消えちゃえ』とか、感情を書き殴ったことがあるんだ。もう、ぜんぜん文章になっていない文句をたくさん……」

「いまタコジローくんが言ってくれたように、それはまさに『書き殴る』ことばで、暴力のことばに近くなる。ときにはだれかを責めるだけじゃなく、自分を責めていったりもする」

「……うん」

そうだった。本格的ないじめがはじまった去年、ぼくはノートにたくさんの殴り書きをした。トビオくんたちの文句を書くだけじゃ足りなくなって、消えたいとか、死にたいとか、どうしてタコに生まれちゃったんだろうとか、自分を責めることばがたくさん出てきたんだった。

「でも、日記の向こうに読者がいると思ったら、もっと『わかってもらおう』と努力するだろ？　感情に走りすぎず、そこにコスパなんか求めなくなるだろ？　ぼくたちは、わかってもらおうとするから、自分の感情を整理する。わかってもらおうとするから、ことばをていねいに選ぶ。わかってもらおうとするから、ことばのペン先を細くして、ことばの色彩を豊かにする。すべては、読者にわかってもらうためなんだ」

「……じゃあ、ぼくたちが書くのは、『わかってほしい』から？　自分のことを『わかってほしい』から、書いているの？」

ぼくのことばを受けて、たくさんのコトバクラゲたちがぐるぐるの渦へと飛び込んでいく。コトバミマンの泡を、上空へと運び出していく。

「さあ、だんだんと答えに近づいてきたぞ。ぼくたちは『わかってほしい』から、書いている。これは『なぜ書くのか？』という問いに対する、明確な答えのひとつだ」

# 秘密の書きものから、秘密の読みものへ

ぼくたちは、わかってほしいから書いている。

思えばぼくは、ずっとわかってほしかった。お父さんにも、お母さんにも、カニエ先生にも、学校のみんなにも、ずっとわかってほしかった。ぼくがここにいることを。ぼくにだって心があることを。ぼくだってたくさん、思っていることを。

「ねえ、タコジローくん。ぼくたちはなにをそんなに『わかってほしい』と思っているんだろう？」

「……ぼくのことを。ぼくがここに、いることを」

「じゃあ、タコジローくんのこと、タコジローくんがここにいることを、だれにわかってほしいのかな？」

「みんなに。お父さんにもお母さんにも、トビオくんとかアナゴウくんとか、カニエ先生にも」

「ほかには？　家族、先生、学校のみんな。ほかにはもう、いないかな？」

「……わかんないけど、たぶん」

「おじさんはね、自分が日記をつけはじめてから気づいたんだ。おじさんがいちばん『わかってほしい』と思っていた相手は自分自身だったんだ、ってね」

「自分自身⁉」

「ああ。日記を書くのは自分だ。そして日記を読むのも自分だ。『わかってもらおう』とする自分がいて、『わかろう』とする自分がいる。『伝えたい』自分がいて、それを『知りたい』自分がいる。そこが日記の、おもしろいところなんだ」

「ふたりの自分が……」

「わかり合う。つまり歩み寄って、握手する」

「で、でも、意味わかんないよ。自分と自分が握手するって、どうやって？」

「最初の数日間、日記は『秘密の書きもの』としてページを重ねていく。この期間は苦しい。成長の実感もないし、ほめてくれたり、点数をつけてもらえたりもしない。なんの手応えもないまま、ひとりでノートに向かう。それが10日間くらい続けるとすこしずつ、『秘密の読みもの』に変化していくんだ」

「秘密の、読みもの……？」

「そう。『秘密の書きもの』だったはずの日記が、いつしか『秘密の読みもの』になっていく。だれも知らない、世界に1冊だけの読みものにね」

「……そ、それは、本みたいになるってこと？」

「ああ。日記ってね、書くものじゃなくて長い時間をかけて『育てるもの』なんだ。だから1日や2日の日記は、まだぜんぜん日記じゃない。せめて10日くらい続けて、ようやく日記になっていくんだ。ダンジョンの扉として使えるくらいのね」

「じゃあ、おじさんが『10日間書けばわかる』って言ってたのは……」

「そうだね。今晩書き終えた日記を、初日から読み返してごらん。きっとそこに『秘密の読みもの』があるはずだから」

## 続きを読みたいから、書いていく

日記は、書くものではなく育てるもの。

そして『秘密の書きもの』としてはじまった日記は、やがて『秘密の読みもの』へと姿を変えていく。……ぼくはここにきてようやく、日記という不思議なものの正体がわかった気がした。

「……どうだろう、納得してもらえたかな？」

「うん……すごくよくわかった。日記ってものが、よくわかった。でもさ、書く自分と読む自分のふたりがいるとしてさ、おじさんはいま、日記を『書いて』いるの？　それとも『読んで』いるの？　どっちの自分がつよいの？」

「そうだな。最初の3ヶ月くらいは、ひたすら書いていたかな。つまり『書きたいから、書いている』という感覚だった。それこそ友だちの悪口を書くこともあったし、好きなマンガの感想を書いたり、日々の悩みごとを書いたりしていたからね」

「うん」

「でも、3ヶ月を過ぎたくらいから『読みたいから、書いている』に変わった気がするな。いまは完全にそうだよ」

「読みたいから……？」

「そうさ。だって、自分の気持ちを書いてくれるのは、自分しかいない。きょう起きたおもしろいことを書いてくれるのは、自分しかいない。きょう思いついたアイデアを書

いてくれるのは、自分しかいない。そうだろ？　おじさんは、それを読みたいんだ。いまはともかく、あとになって読み返したいんだ。それがどんなにすばらしい宝ものになるか、知ってるからね。だったら、自分で書くしかない。書き続けるしかない。当たり前のことさ」

「読みたくなるのはおじさんが上手に書けるからじゃなくて？」

「違う違う。自分が自分に向けて書いている、ってことが大事なんだ」

「どうして？」

「日記をめくって、あのときの自分を振り返る。するとそこには『あのとき』の悩みやよろこびが、描かれている。その悩みは、胸がキリキリするくらいの悩みだ。なんといっても、自分自身の悩みだからね」

「……うん」

「そして悩んでいる自分を、応援《おうえん》する。すこし離れた場所から、『がんばれ、負けるな』って応援する。なんなら、この前話したみたいに『ハゼゴロー』に置き換えてもいい。次の日の日記をめくると、もっと落ち込んでいる自分がいたり、悩みの解決に動き出した自分がいたりする。あるいはきのうの悩みを忘れちゃったような自分がいる。じゃあ、次の日はどうなるんだろう？　その次の日はどうなるんだろう？　……これって、なにかに似てると思わないかい？」

「えっと、なんだろう？」

「大好きなマンガの、新刊を待つ気持ちさ。『早く続きが読みたい！』『このあと主人公は、どうなるんだろう？』ってさ。しかも、その続きを書くのはタコジローくん自身だ。つまり、何ヶ月や何年と日記を書いていくとね、ぼくたちは自分の日記の大ファンになるんだよ。『続きを読みたいから、書いていく』って状態にね」

## すべては忘れてからはじまる

「じゃあ、どうしておじさんは10日間って区切りにしたの？　3ヶ月でも1年でもなくて10日間にしたのはなぜ？」

「そりゃあ、ほんとうは何ヶ月も何年も続けてほしいよ。ただ、いきなりそんなことを言われても気が遠くなるだけだろ？　かといって1週間ではちょっと足りない。やっぱり10日間くらいが、日記が日記に育っていく最初のタイミングなんだ」

「どうして？」

「10日もあれば、忘れるからさ」

「忘れるから!?」

「そう。だいたい10日間も経てば、初日の記憶はあいまいになる。そして忘れてしまった自分が読み返すからこそ、日記は『秘密の読みもの』になる。逆に言うと、一字一句まで憶えているようなきのうの日記は、読み返してもおもしろくない。おもしろくないどころか、消しゴムを入れて書きなおしたくなるくらいだよ」

おじさんは豪快《ごうかい》に笑った。つられて笑いながらぼくは、初日のことを思い出していた。最初の日、ぼくはなにを書いていたんだっけ？　きのうの日記ははっきり憶えているけれど、10日前の日記はたしかに、記憶がぼんやりしている。

「……ほんとだ。10日前の日記、ほとんど憶えてないや」

「いま、読み返してみるかい？」

おじさんが日記を差し出す。

「ううん。ちゃんと今夜、10日目の日記を書いてからにする。……いや、もしかしたら体育祭が落ちつくまでは読み返さないかも。いまの話を聞いたら、もっと忘れてみたくなっちゃった」

「そうだね。忘れるってさ、とってもいいことなんだ。ぼくたちは、前を向いて進んでいく。あたらしい出来事を受け止めて、あたらしい記憶で心を埋めて、古い記憶を消していく。景色は流れ、記憶も流れていく。それが前に進むってことなんだからね」

なぜだかぼくは、すこしだけさみしい気持ちになった。ここで道がバラバラに分かれてしまうような、そこから二度と会えないような、またひとりぼっちに戻るような、そんなさみしさの冷たい潮が、胸を通り抜けた。

「……おじさんもいつか、ぼくのこと忘れちゃうのかな」

「タコジローくんはどうだい？　おじさんのこと、忘れそうかい？」

「ううん。忘れない。ぜったいに忘れない」

「だったらおじさんは、ずっとタコジローくんのなかにいる。そしてもし、タコジローくんが忘れてしまったとしても、おじさんは日記のなかにいる。中学3年の夏、おじさんがここにいたこと。この部屋で、サンゴの森で、深い海の底で、ぼくたちが話したことは、永遠に消えない。……それでいいんじゃないかな？」

「……うん」

「そしてもし、日記が止まってしまったときには、書くのがつらくなってしまったとき

には、この封筒《ふうとう》を開いてほしい」

そう言っておじさんは、ひもで縛《しば》られた水色の封筒を手渡してくれた。

「なにが書いてあるの？」

「それは開けてのおたのしみさ。この言いかたも、ことばをサボってるかな？」

――と、おじさんが笑ってみせたそのとき、上空を泳いでいた蒼いコトバクラゲたちが、まっ赤に色を変えて暴れはじめた。部屋全体がガタガタと揺れ、嵐のように潮が荒れ狂《くる》う。

「……来たか」

おじさんが立ち上がり、ぼくの顔を見た。

「タコジローくん。まだ間に合う。きみは裏の出口から出るんだ。おじさんはだいじょうぶだから、早く!!」

タコジローの日記

# 約束の10日目　9月16日（土）

きょうは書きたいことがいっぱいある。まだすこし、興奮が残っている。

まず、お昼前から公園のおじさんを訪ねた。茂みのなかに隠れたおじさんを見つけるのは、すこし手間だった。そしておじさんは殻のなかへ、ぼくを誘った。

日記はきょうで、約束の10日目を迎える。おじさんは日記を続けるコツについて、「10日書けばわかる」と言った。そんな言いかたはずるいとぼくが反論すると、おじさんは素直に謝ってくれた。おとなに直接謝ってもらったのは、これがはじめてだったかもしれない。

会話のなかでおじさんは、「続きを読みたいから、書く」と言っていた。日記をずっと続けていけば、ぼくもそうなるはずだと。ほんとうにそんな日が来るのだろうか。ぼくにはまだ、よくわからない。

おじさんとの会話が終わりに差しかかったとき、コトバクラゲたちがまっ赤に染まって、ぐるぐるまわりはじめた。警告の色、いや危険信号の色だ。

おじさんはすぐに外に出るよう、ぼくに指示した。一緒に残ると言ったけど、おじさんはすこし怖い目で「いいから早く」と言った。

いま振り返って思えば、あそこで一緒に残ってもできることはなにもなかった。コトバクラゲの案内に従って、ぼくは殻の背中側から外に出た。

茂みに隠れて広場のほうを見ると、バッジのついた帽子をかぶった警官たちが、おおきな網を持ってうろついていた。

サメ、コブダイ、タラバガニ。コブダイのまわりにはハリセンボンも泳いでいる。

警官はみんなおおきく強そうで、とても敵いそうになかった。

「タコジローくん、早く逃げて」

殻の隙間から、ささやくようなおじさんの声がもれた。

いや、ぼくはなにか悪いことをしたわけじゃない。

そりゃ、学校をズル休みしたりはしたけれど、おじさんの無実を晴らすのは、むしろぼくの仕事だ。

おじさんの背後に隠れて、じっと警官たちの動きを見守った。

ピピーッ

突然上空から警報音がした。

「西側の茂みに、ピンクの貝殻発見！　至急応援たのむ！」

見ると、上空高くにクラゲの警官が泳いでいる。コトバクラゲとは比べものにならないほど、おおきなクラゲだ。

「おじさん、つかまって!!」

自分でも、どうしてあんなことをしたのかわからない。ぼくは殻ごとおじさんを抱きかかえると、そのまま泳ぎだした。

「タコジローくん、やめろ！　降ろせ！」

おじさんの声を無視して、がむしゃらに泳いだ。どこに泳げばいいのか、見当もつかない。こんなことしたって、すぐに捕まっちゃうだけかもしれない。それでもぼくは、必死に泳いだ。

「こらーっ!!」

「待てー！」

「待たんかー!!」

遠くからいくつもの声が聞こえる。

ただでさえ運動が苦手なのに、おじさんを抱えたまま泳ぐのは、ものすごく大変だった。

サメの警官だっているんだ、追いつかれるに決まってる。逃げちゃったことで、捕まったあとのおじさんが不利になるかもしれない。

ぼくはなにをやっているんだろう。

もう、あきらめようかな。

ここまでやったんだもん、おじさんもわかってくれるよな。

目を閉じたそのとき、おじさんがふわっと軽くなった。

えっ？　どうしたの？　目を開けたぼくは大声を上げた。

「うわーっ、きみたち!?」

おじさんの殻が、蒼く輝いていた。

やわらかな光に包まれていた。

家のなかから出てきた何十ものコトバクラゲが、みんなでおじさんを支え、ピンク色のおじさんを隠し、一緒に泳いでいたのだ。

コトバクラゲは行き先を知っているかのように方角を変え、猛スピードで泳いでいく。

前におじさんは言っていた。ことばの泡を運ぶために生まれたコトバクラゲは、ことばを話すことができない。それだけが残念なんだと。でも、ぼくのことばを理解することはできるはずだ。

視界の先に、アカサンゴの森が見えてきた。うしろから聞こえていた警官たちの声も、いまは聞こえない。森の上空に差しかかったとき、ぼくは意を決してコトバクラゲたちに叫んだ。

「みんな、離れて!」

いっせいにコトバクラゲたちが離れる。ぼくも、おじさんから手を離す。

ゆっくりと、まるでスローモーションのように落下しはじめたおじさんに、ぼくは思いっきり墨を吹きかけた。

はじめて見る墨に、おどろいたコトバクラゲたちがバタバタと踊った。

ピンク色だったおじさんの殻は、まっ黒に染まった。白でもピンクでもない、まっ黒なヤドカリ。これできっと、逃げられるはずだ。自分が墨をもったタコに生まれたことを、はじめてありがたく思った。

殻のなかから、おじさんが顔を出す。

「あ・り・が・と・う」

潮の流れが早すぎて、声は聞こえない。でも、口の動きでそうわかった。安心したのかコトバクラゲたちは、次々におじさんの殻へと戻っていった。そしてまっ黒になったおじさんは、深い深いアカサンゴの森へと降りていった。

ぼくは急降下して海底に降り立った。

「待てー!! どこだー、どこに行ったー!!」

上空でぼくたちを見失った警官たちが怒鳴っている。ぼくはそのまま振り返ることをせず、家に帰った。自分の帰るべき場所に、帰った。

ここから先の話は、案外あっけない。

おじさんの捜索《そうさく》はその後もおこなわれたものの、「ピンク色のヤドカリ」は、ついに発見されることがなかった。

グループチャットでもだんだんと「不審者」の話題は減り、教室のなかでおじさんについて聞かれることも少なくなった。

ウツボリくんはサメジマくんのグループに入ったのか入ってないのか、よくわからない距離感でサメジマくんのまわりにいた。

ぼくは図書室で過ごすことが多くなり、やがてそこにアナゴウくんが加わった。

イカリくんの退院は翌週の金曜日、体育祭の2日前だった。

お医者さんからは車椅子をすすめられたそうだけど、イカリくんはそれを断った。病院には、カニエ先生と学級委員のアジキリくん、そしてぼくが出向いた。

イカリくんはぼくたちに短いお礼を述べたあと、お母さんが運転する車に乗り込んだ。後部座席に座るイカリくんは、ぼくの顔を見てちいさく頷いた。

体育祭の当日。

開会式の入場行進にイカリくんは参加しなかった。保健のサヨリ先生と一緒に、救護用のテントからぼくらの行進を眺めていた。

横目でイカリくんを確認すると、すぐに目が合う。「まかせとけよ」とでも言いたげに、イカリくんは微笑んだ。

ＰＴＡの会長と校長先生の挨拶《あいさつ》が終わると、いよいよ選手宣誓だ。

名前を呼ばれたぼくは、校長先生の前に泳いでいった。

イカリくんはほかの先生たちをかき分けるように、松葉杖をつきながらゆっくりこちらに向かってくる。

一歩ずつ進むイカリくんに、保護者席全員の目が集中してるように感じられた。

ようやくぼくの隣にたどり着いたイカリくんは、休む間もなくちいさな声で「せーの」と合図した。

「宣誓！　ぼくたち」

「う、うみのなか中学校……生徒、一同は」

「日頃《ひごろ》から支えてくださっている家族、先生方に感謝し」

「スポーツを、で、できることの、よろこびを……胸に」

「全力で、精いっぱい」

「中学生らしく、せ、正々……堂々と」

「最後まであきらめず競技することを」

「誓《ちか》います！」


先生たちが立ち上がり、保護者席のおとなたちも立ち上がり、いっせいに拍手してくれた。ほてったままのからだで生徒の列を振り返ると、クラスの女子たちがぼくのほうを見て音のない拍手をするしぐさを見せた。興奮とうれしさで走って列に戻るとき、保護者席の隙間に一瞬だけ黒い殻が見えた気がした。黒くて、おおきな殻が、グラウンドから遠ざかろうとしていた。

代休となった月曜日、公園におじさんの姿はなかった。海藻の茂みにも、ゴッゴッした岩陰《いわかげ》にもおじさんの姿はなかった。ようやく黒の貝殻を見つけたのは、シロサンゴの森のそばだった。貝殻はただの貝殻で、おじさんの気配はなかった。ひっくり返してなかにもぐり込んでも、あの海よりも広い空間はなかった。

ずっと前からもう、わかっていた気がする。

あの部屋のなかで語り合ったときから、そして森に落ちていくおじさんと目で語り合ったときから、わかっていた気がする。だから不思議と、涙は出なかった。ただ、もうすこしだけ、おじさんとおしゃべりしたかった。10日目の日記まで、ちゃんと読んでほしかった。

シロサンゴの森から公園に戻ると、茂みのなかに見覚えのある光が揺れていた。そこにいたのはコトバクラゲだった。最初の日にぼくをおじさんの殻へと導いてくれた、あの子だ。コトバクラゲはうれしそうにくるくるまわり、ふたたびぼくをどこかへと案内しはじめた。

コトバクラゲが連れていってくれたのは、廃校《はいこう》になった小学校だった。

ぼくたちが卒業した翌年、小学校は廃校になった。ひさしぶりに訪ねた校舎は、ずいぶんと古ぼけていた。コトバクラゲに案内されるまま、ぼくとイカリくんが過ごした6年2組の教室に入ると、黒板におおきな絵が描かれていた。

「なんなんだよ、もう！」

声を出して笑ったぼくの目から、どっと涙があふれた。

こんなかたちのお別れなんて、かっこつけすぎだよ。うずくまって泣きじゃくるぼくの頭を、コトバクラゲがやさしく撫《な》でてくれた。

「……どうもありがとう。ほんとうに、ありがとう」

コトバクラゲはなにも言わず、ゆっくり透きとおって、その場から消えていった。


高校生になったいまも、ぼくは毎日書き続けている。あれからもう3年だ。

書くことで性格が変わったとか、友だちが増えたとかは、とくにない。ぼくは、変わりたかったわけじゃない。いまになって思う。ぼくは、ぼくのままのぼくを、好きになりたかった。そして日記を続けることですこしだけ、それができている気がする。ぼくが日記を書き続けているのは、続きが読みたいからだ。ここで終わってしまうのが、もったいないからだ。続きがたのしみで、終わるのがもったいない毎日がやってくるなんて、あのころには思いもしなかった。

おじさんはもう読んでくれない。そしてイカリくんは高校入学と同時に、おおきな病院のある町に引越していった。

ぼくは日記が1冊たまるたびに、そのコピーをイカリくんに送っている。返事はないけど、返送されてこないのだからきっと届いているはずだ。届いているのなら、それでいい。


体育祭が終わってから卒業するまでの半年間には、いろんなことがあった。ありえないくらいにたくさんのことが起こった。あの日イカリくんの病室で語り合った以上に、長い長い半年間だった。


そしてきのう、イカリくんからおおきな封筒が届いた。

添えられた手紙には、日記を毎回たのしく読んでいること、続きの日記が届くのをたのしみに待っていること、足も完全に治ってまたサッカーができるようになったこと、などが書かれていた。

その手紙の末尾《まつび》に、こうあった。

「おれがあのとき書いてた日記を送るよ。よかったら読んでみて」

いま、ぼくの手元にはすこしだけ古ぼけたノートがある。イカリくんの病室で見た、あの青いノート。「読んだのか？」と怒っていた、あのノートだ。

イカリくんのノートを開く前に、ぼくは中学時代の日記を読み返した。泣いたり笑ったりしながら、読み返した。

そしてこれから、イカリくんのノートを開こうと思う。

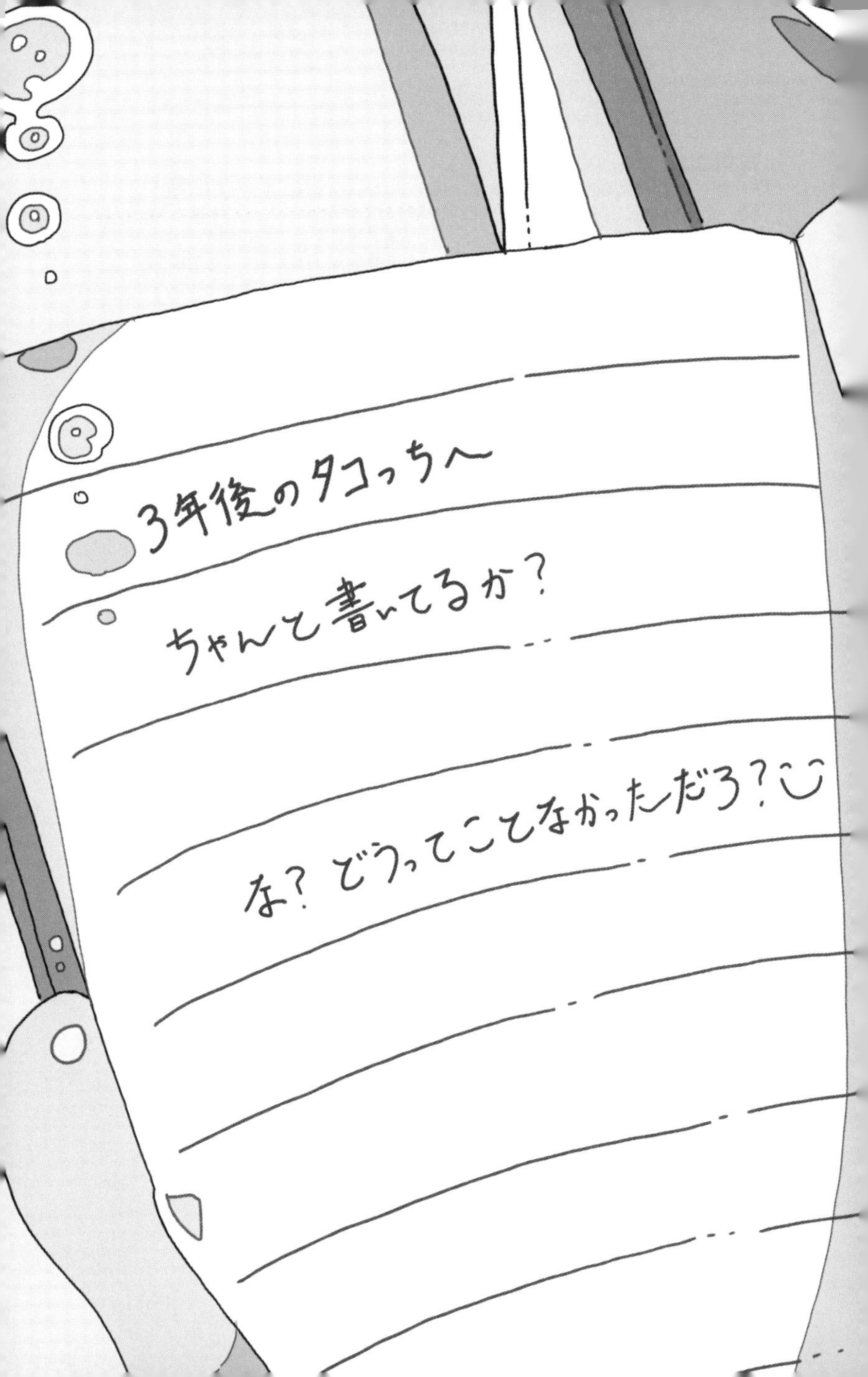
3年後のタコっちへ
ちゃんと書いてるか？
な？どうってことなかっただろ？

**古賀史健**（こが・ふみたけ）

ライター。1973年福岡県生まれ。1998年、出版社勤務を経て独立。主な著書に『取材・執筆・推敲』『20歳の自分に受けさせたい文章講義』のほか、世界40以上の国と地域、言語で翻訳され世界的ベストセラーとなった『嫌われる勇気』『幸せになる勇気』（岸見一郎共著）、糸井重里氏の半生を綴った『古賀史健がまとめた糸井重里のこと。』（糸井重里共著）などがある。2014年、ビジネス書ライターの地位向上に大きく寄与したとして「ビジネス書大賞・審査員特別賞」受賞。2015年、株式会社バトンズ設立。2021年、batons writing college（バトンズの学校）開校。編著書の累計は1600万部を数える。

絵　**ならの**

1995年生まれ、大阪府出身、徳島県在住。幼児教育を専攻した後、台湾で1年間保育士として勤める。その後イラストレーターとして独立。書籍、広告、Web等さまざまな分野のイラスト、アニメーション制作を手掛ける。海や空のもつやさしい青と、子どもの持つ神秘性を描くことが好き。著書に『ならの塗り絵ブック』（グラフィック社）。



装　丁　佐藤亜沙美
D T P　有限会社エヴリ・シンク
校　正　株式会社ぷれす
取材協力　千代田区立麹町中学校　南あゆみ先生、生徒の皆様

# さみしい夜にはペンを持て

2023年 7 月18日　第 1 刷発行
2024年11月 8 日　第13刷

著　者　古賀史健
絵　ならの
発行者　加藤裕樹
編　集　谷 綾子
発行所　株式会社ポプラ社
〒141-8210　東京都品川区西五反田3-5-8
JR目黒MARCビル12階
一般書ホームページ　www.webasta.jp
印刷・製本　中央精版印刷株式会社




ISBN978-4-591-17854-6　N.D.C.140／291P／19cm





P8008431

かまぼこ
ヌードル

泳ゲメロス

ウミブドウ
ICE